高职高专"十二五"市场营销专业·品牌管理系列规划教材

品牌资产管理

李滨 编著

西安交通大学出版社
XI'AN JIAOTONG UNIVERSITY PRESS

内 容 提 要

　　本教材对于品牌资产管理的全过程进行了较为系统和全面的研究和探讨。教材中不仅介绍了大量国内外品牌资产管理的成功案例，还分析了一些失败的品牌资产管理的原因。在体例上也有所创新：不仅分别在每章节有引例，穿插以理论为支撑的不同视点；而且在不同的章节均有精辟的案例分析，配以思考练习、小结以及关键术语和注释，为读者学习品牌资产管理的相关知识和掌握每章的主要内容提供了简便易行的途径。

　　本教材可作为高等学校经济管理类专业教材，也可以作为工商企业的相关培训教材。

前言 Preface

随着社会的发展,未来的营销大战将会是品牌争夺市场主导地位的竞争,即是一场品牌之战。企业和投资者将会认识到,品牌才是企业最有价值的资产。这个观念非常重要,它看到了发展企业、巩固企业、保护企业和管理企业的方法,拥有市场比拥有工厂更为重要,而拥有市场的唯一方法就是拥有可以主导市场的品牌。

今天,品牌资产是管理学界最热门的话题之一,亦是最受追捧的研究议题。学术研究对品牌建设的关注程度也在迅速高涨。这种高涨的兴趣还反映在激增的会议、文章和媒体关注中。但是,过于强调价格往往会导致降价促销的滥用,最终使行业出现过度竞争的局面。因此,企业应将更多的资源转移到品牌建设活动上来,努力培育品牌的差异点。这就要求企业通过非价格竞争来建立持续性竞争优势。然而,品牌建设活动不像降价促销,几乎不会对短期销量产生显著影响,而现实中,企业又往往面临着实现短期业绩的巨大压力,因此,如何为品牌建设活动提供合理依据就成了一道必须解决的问题。

当"品牌价值说"在 20 世纪 80 年代末期成为热门话题时,它被视作管理学上又一个转眼即逝的新玩意,但产业界却逐渐发现品牌意识、认知价值、顾客忠诚度和强有力的品牌个性与关联度是市场竞争中必不可少的利器。强大的动力推动人们对品牌的兴趣逐步升温。品牌构建工作对大多数管理者来说迫在眉睫,生产力过剩、残酷的价格竞争、激增的同质性产品和精明的零售商只是其中的部分原因。事实上,管理者们为此不仅费尽心思,甚至寝食难安。所以,品牌管理资产的重要性不言而喻。

本书根据社会的发展和需要,并结合一些具体的成功或失败的实际案例进行整合,为读者们学习品牌管理提供更加便捷的途径。

本书是一本关于品牌资产管理理论与实践相结合的教材,其内容共分为六章,分别是:第 1 章,品牌资产概述;第 2 章,品牌资产的建立;第 3 章,品牌资产评估;第 4

章,品牌资产的保护;第5章,品牌危机管理;第6章,建立全球品牌。

　　读者可以通过本教材全面掌握和了解品牌资产管理的基本知识和基本方法,从一般的资产管理中脱离出来,将品牌资产和品牌管理更好地结合起来,使得品牌资产管理更加具有合理性和科学性。本书由南京信息职业技术学院李滨老师编著,书中引用文献资料由于各种原因未能一一标明出处,在此向文献资料的各位作者致谢。

　　本书适合作为高等学校经济管理类学生教材或参考书,也适合各界工商企业的管理人员阅读和参考。

作者

2014 年 3 月

写于南京信息职业技术学院

目录 **Contents**

第1章 | 品牌资产概述

本章提要

品牌(brand)最初的概念就像它的法定名称所描述的那样,是商标(trademark),是一种名称、词语、标志、符号或图案,或是它们的组合。品牌最基本的作用是与竞争的产品和服务相区别。从消费者角度来看,一个经营成功的品牌不仅包含提供功能性利益的产品,还有足以让消费者掏钱购买的价值感,即品牌还可以成为一种产品或服务质量的承诺,甚至是一种心理感受和情感依托。在这种情况下,品牌对企业来说已经是一项有生命力的资产了。

本章从品牌资产的概念入手,详细介绍品牌资产的有形组成要素、无形组成要素以及品牌资产的基本特征,以使读者对品牌资产及其特征有详细的了解。

引导案例

一年365天,每一天都有新的精彩。在过去的近十年时间里,许多原来不为人所熟悉的品牌面孔开始频繁出现在人们的视野里,像新东方学校、春秋航空、巧克力手机、爱国者移动存储、雪花啤酒、诺迪康胶囊、江东亮嗓、如家酒店、吉利汽车、第一财经……

在这些品牌中,既有踏踏实实耕耘的专家,也有快速复制商业模式的高人;既有玩小资情调的雅士,也有充满异域风情的明星。

尽管从事的行业不同,品牌实力各异,起步时间也有先后,但它们都有一张共同的脸谱——新锐。

新东方:教育产业化的先行者

2006年9月7日,新东方在美国纽约证券交易所挂牌上市,这也是中国教育培训业在美上市的第一家公司。上市的当天,新东方股价上涨了47%,大大超过了此前的预期价格,首次公开募股即成功融得1.125亿美元。

1993年诞生的新东方学校是中国"教育产业化"大潮的先行者,前期主要从事出国英语培训。新东方以开发学生兴趣、轻松教学为主要特点的授课方式在国内教育培训界独树一帜,不仅受到学生的欢迎,也逐渐形成新东方的文化内涵。随着新东方知名度的提升,这一内涵也借助于人际传播、宣讲会等组织传播而广为人知,在不知不觉中将新东方品牌推向整个中国教育领域,乃至整个社会公众的视野之中。

新东方依靠出国考试培训树立了品牌,并逐步开始向英语培训的其他方向延伸,如少儿英语培训、成人英语培训和精英商务培训等。目前,新东方在全国拥有32所学校和115个教育中心,自成立以来的20余年里,在新东方注册学习的学生已经超过400万人。据说,中国在海外的留学生每10位中就有8位在新东方接受过英语出国考试培训。

点评:"罗马不是一天建成的",新东方深深懂得这个道理。从一开始,它就着手了解其目标客户群——学生——最需要什么,并为他们解决难题,同时在课程、师资、教学风格等方面不断改进,逐步培养自己的顾客满意度和顾客忠诚度。新东方很少做广告,有人说它的品牌全靠学员口碑传播,这一点足以让任何一个对手不敢小觑。

春秋航空:1元钱机票

2006年11月29日,春秋航空在上海—济南航线上首次推出"比坐公交车还便宜"的1元机票,并自当年11月30日起至12月11日,仅限网上购票。一时间,春秋航空公司济南营业部的人气火爆,不断有客户来来往往。

一直宣扬走低成本之路的春秋航空,自2005年7月开航以来就以低价撼市,即以所谓99系列票价,吸引市场注意。其中上海至济南、烟台、温州和青岛,票价最低为99元;上海至南昌、厦门、天津,票价最低为199元;上海至珠海、桂林,票价最低为299元。春秋航空目前已开通14条航线,各航线总平均票价定位于5折左右,低于同航线其他的航空公司36%。

当然,低票价的背后是"降低"的服务标准,省之于旅客,让利于旅客。正是在这样的思路指导下,一切"多余"的服务都在取消之列:限制免费行李数量,将最高免费行李额从一般的20公斤降至15公斤;餐食自行解决,仅免费提供1瓶300毫升的矿泉水;没有廊桥和摆渡车,使用较远的机位,旅客需徒步上下飞机,重复使用塑料登机牌……

点评:用低价策略吸引市场关注,这是中国企业新品上市惯用的一种竞争手法。春秋航空的"1元钱机票"、"99系列"不仅让顾客得到实惠,为新航线培育了市场,而且给航空"价格同盟"带来了冲击,目前各家航空公司被迫推出3折、4折机票,与春秋航空的"搅局"不无关系。

巧克力手机:甜蜜的诱惑

2006年4月,韩国LG电子全球CEO金双秀携带着一款"巧克力"手机KG91高调访华,并表示该机计划一年内在中国实现销售100万台。同时,有韩国"完美情人"之称的影星金泰熙和有"情圣"之称的著名艺人玄彬代言的LG"巧克力"手机广告,地毯式地轰炸着中国消费者的眼球,一场史无前例的"巧克力"甜蜜攻势,在中国正式全面铺开。

受2006年手机行业最具代表性的广告语"I chocolate you!"(爱巧克力哟)的带动,这款通体全黑,但一碰就变红的"巧克力"手机击倒了一大片的城市小资。仅黄金周七天时间,"巧克力"手机就在全国狂卖万台。在由国内多家主流媒体举办的"2006手机媒体大奖"评选中,LG凭借"巧克力"手机的卓越设计和市场营销,一举拿下了最佳手机设计、最佳平面广告和最佳营销活动三个奖项。

此外,由于"巧克力"手机的热销,LG电子旗下的其他手机产品也在中国市场得到了足够重视。在"巧克力"手机上市后的两个多月里,LG电子"非巧克力"型的产品销量增长率即达到了50%,LG电子在GSM手机领域的销售量更是实现了121%的同比增长。

点评:LG电子在中国消费者心中一直是中低端品牌。2006年发起的这场"巧克力"甜蜜攻势,实质上是LG电子向高端迈进的一场豪华体验之旅。走高端路线首先要提高LG品牌的定位,而提升品牌形象最直接、最有力的工具就是产品。"巧克力"的诱惑,有多少人可以抵挡呢?

企业的市场营销行为发展到一定阶段后,人们越来越多地从战略的高度去理解和分析它,即企业市场营销的终极目标是什么? 评价企业市场营销行为成功与否的标准是什么? 在这个过程中,人们对一个概念的关注就越来越多,这就是品牌资产。那么,什么是品牌资产? 品牌资产又具有哪些特征呢?

1.1 品牌资产的含义

品牌资产(brand equity)这一概念最早于20世纪80年代由广告公司提出来,随后因为一连串的并购案涉及与一系列的品牌名称、标示物相联系的有形资产和无形资产而使品牌资产这一概念被关注和深入研究,并引发了人们对有关品牌资产的定义、测度及运行机制的全面系统的研究。20世纪90年代初,品牌资产概念开始影响我国,从《经济日报》及各地举办"中国陈驰名商标评选活动",到北京名牌资产评估事务所1995年开始借鉴《财务世界》(Financial World)杂志的方法每年提供《中国品牌价值研究报告》,都可以看到品牌资产概念的影响,说明品牌资产已为我国企业所高度重视。

像应用类科学的其他概念一样,品牌资产的内涵和外延一直是一个有争议的话题,但是品牌资产确实存在,它超越一般资产的价值,并且这种价值又基于品牌对消费者的动员力。消费者喜爱的品牌,其知名度高、美誉度好,甚至存在不同程度的品牌忠诚度,消费者为了选择该品牌愿意付出更高的价钱。即品牌资产也可视为将商品或服务冠上某种品牌后所产生的额外收益。本章将从三个不同的角度简单介绍品牌资产的概念,即基于财务会计的品牌资产概念、基于市场品牌力的品牌资产概念、基于消费者的品牌资产概念。

1.1.1 基于财务会计的品牌资产概念

从财务会计角度提出的品牌资产概念是为了方便计算企业的无形资产,以便向企业投资者或者股东提交财务报表,为企业并购、合资等商业活动提供依据。这种概念认为,品牌资产本质上是一种无形资产,一个强势品牌被视为具有巨大价值的可交易资产。如美国食品和烟草巨人菲利普·莫里斯公司以129亿美元购买卡夫(Kraft)品牌,该价格是卡夫有形资产价值的四倍。

品牌资产的财务会计概念主要可用于以下目的:①向企业的投资者或股东提交财务报告,说明企业的经营绩效;②便于企业资金募集;③帮助企业制定并购决策。财务会计概念模型把品牌资产价值货币化,迎合了公司财务人员把品牌作为资本动作的需要。

1.1.2 基于市场品牌力的品牌资产概念

基于市场品牌力的品牌资产概念是指一个强势品牌应该具有强劲的品牌力,在市场上可以迅速地成长,从而把品牌资产和品牌成长战略联系起来,即品牌资产的大小应体现在品牌自身的成长与扩张的能力上。例如,品牌延伸、品牌背书、主副品牌以及子品牌策略的应用等。对于企业来说,引入一个全新的品牌所花费的成本要比品牌延伸的启动成本高得多,而且失败的机率也要高得多。因此,品牌延伸已为大多数企业所使用,而这正是强势品牌力的具体体现。

基于市场品牌力的品牌资产概念是顺应品牌不断扩张和成长而提出的。该模型与财务会计概念模型最大的不同在于:财务会计概念着眼于品牌的短期利益,而基于市场品牌力的概念研究的重心则转移到品牌的长远发展潜力上。学者们开始在该模型中比较深入地研究品牌和消费者之间的关系,并第一次把品牌资产与消费者态度、品牌忠诚度、消费者行为等指标联系起来。

1.1.3 基于消费者的品牌资产概念

与前两种概念相比,基于消费者的品牌资产概念是从消费者的角度来定义品牌资产的,这也是绝大多数学者所采用的方法。如果品牌对于消费者来说没有任何意义(价值),对消费者产生不了什么影响,那它对于投资者、生产商或零售商也就没有任何意义了。因此,品牌资产的核心是如何与消费者建立起联系,消费者如何理解该品牌的意义和内涵等。戴维·阿克(David A. Aaker)将品牌资产分为品牌知名度、品牌联想、品牌品质认知、品牌忠诚度和其他专有资产五个方面,就是从这个角度出发的。

品牌资产积累的第一步是拓展品牌知名度,让消费者认识品牌是了解和喜爱该品牌的前提。其次,是与消费者的需求之间建立联系,很好地满足消费者的需求。也就是说,当消费者产生了对该类产品的需求时,就能够很自然地联想到该品牌。第三,品牌的产品功能和绩效必须满足消费者的要求。第四,品牌必须与竞争对手区分开来,并表现出相对于竞争对手的独特优势。第五,品牌必须与其终端消费者建立某种情感联系。只有知道某品牌处于品牌金字塔的哪个位置,品牌经理才能制定出适宜的战略和策略来维持或提高顾客忠诚度。

1.2 品牌资产的有形构成要素

品牌资产确实存在,学术界和业界从不同的方面描述和概括出了它的价值。但是,品牌资产是一种无形资产,它不可能由有形的实物资产来表示,而必须借助于别的因素,如品牌的名称、标示、包装等。由于品牌资产形成的基础和意义在于消费者看到品牌的方式以及由此产生的消费行为,因此要使消费者对品牌所标示的商品和服务进行购买和消费,就需要投资于品牌形象,获得消费者的认同和亲近,从而让消费者接受这一品牌,形成品牌忠诚度,最终达到企业经营的终极目标——积累品牌资产。

品牌资产可以分成两部分,即品牌资产的有形要素和无形要素。品牌资产是基于消费者对该品牌形成相对稳定的形象认知,并在此基础上对该品牌产生偏好和忠诚,形成品牌资产的无形要素,而品牌资产的有形要素的形成则提供了物质层面的支撑。

品牌资产的有形要素是指那些用以标记和区分品牌的商标设计等有形的事物,如品牌的名称、标志和标记、广告和广告乐曲以及包装等。

1.2.1 品牌名称

品牌名称是信息传达中极有效的“缩写符号”,它简洁地反映了产品和服务的中心内容或者企业所倡导的观念、文化等核心要素。消费者了解营销信息花费的时间往往在几分钟以上,而注意、理解并记住一个品牌名称却只需要几秒钟的时间。如 Lenovo 就是品牌名称的一个典范。2003 年,联想集团将其英文标识从“Legend”更换为“Lenovo”。其中“Le”取自原标识“Legend”,代表着传承其一传统;新增加的“novo”取自拉丁词“新”,代表联想的核心是创造。联想集团的 Logo 如图 1-1 所示。

图 1-1　联想集团的 Logo

1.2.2 标志和标记

标志和标记从产生之日起一直都是表示起源、所有权或组织的一种方式。研究表明,一些接触视觉的品牌要素往往在传播品牌和建立品牌资产时起着关键作用,因为与竞争对手相区别的属性必须包含鲜明个性和特色的文化等抽象内涵,而简洁、凝练的标志和标记则可将这些个性和丰富的内涵生动、形象而又直观地传达给目标群体。

深圳金地集团坚持以科学理性的精神和眼光为基础,以博大精深的专业知识为后盾,运用科学合理、适合消费者实际需求的规划设计,力求给消费者一个舒适完美的居住环境,实现业主的高品质的生活,所以提炼出“科学筑家”作为金地(Gemdale)品牌的核心诉求点。金地集团的品牌标志如图 1-2 所示。

图 1-2 金地集团的品牌标志

1.2.3 广告语和广告乐曲

广告语是用来传递有关品牌的描述性或说服性信息的短语,如可口可乐的"永远是可口可乐"等;此外,恰当、独特的广告语和广告乐曲也会加深消费者对品牌的印象和认知,如在新天地葡萄酒的广告片中,选用了《花样年华》主题曲,加上梁朝伟和张曼玉的表演,取得了良好的传播效果。

1.2.4 包装

包装是设计和制造产品的容器和外部包扎物,是整体产品中一个重要的组成部分。它不仅具有保护商品、便于携带和运输等基本作用,还能标明品牌,并传递描述性和说服性信息,从而促进销售,增加利润。因此,包装被誉为"沉默的推销员"。

营销视点 1-1

包装设计技巧

也许你未曾留意过牙膏的包装,其实它们的构图和色彩包含了很多商品包装设计的技巧和方法。"高露洁"牙膏的主色调为暖色,以大面积的红色为主,配以少量的黄色为阴影和背景,而右侧的图像部分却以冷色的蓝天和白云为主体(制作中以蓝白渐变代替),这样非但没有显得格格不入,反而与纯红色并列,使得色彩对比强烈,相得益彰;以深蓝色为阴影的"坚固牙齿、清新口气"好像浮动在广阔的天空中,点明了牙膏的特性。"高露洁"牙膏的包装设计如图 1-3 所示。

图 1-3 高露洁牙膏包装

1.3 品牌资产的无形构成要素

根据菲利普·科特勒的观点,品牌是一个复杂的符号标志,它能表达六个层次的意思,即属性、利益、价值、文化、个性和使用者。只有让品牌的内涵和消费者之间建立起某种联系,即让消费者对品牌所包含的意义有所认知、感受和体验,并在消费者的头脑中占有一席之地进而才能形成品牌资产。正是从这个角度出发,通常将品牌资产分为品牌知名度、品牌认知质量、品牌联想、品牌忠诚度以及其他专有资产五个方面。如果把整体品牌资产看做是一株鲜花的话,那么品牌资产的各个要素就可以被看做是这朵鲜花的花瓣(见图1-4)。

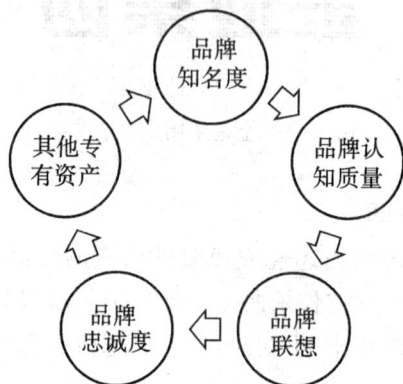

图1-4 品牌资产构成要素

营销视点 1-2

大产变日产

1918年,一家日本汽车公司,即后来的日产汽车公司(Nissan)生产了一款Datson双座汽车(Datson意为Dat之子)。Dat是由该汽车主要赞助人田(Den)、青山(Aoyama)、竹内(Takeuchi)三人名字首字母组成。由于Son在日语中容易联想到"损",因此Datson改名为Datsun(大产)。

第二次世界大战后,日产公司重归汽车制造业,以日产的名字向日本市场推出了一系列汽车产品。然而在1961年进军美国市场时,日产公司却使用了大产这个旧名字——希望这样也许可以淡化日本的影响。到了1981年,日产公司不仅在美国使用大产的名字,而且还在很多其他国家也使用大产的名字,但在日本市场推出汽车、卡车等产品时使用的名字却是日产。事实上,日产在美国的知名度只有2%,相比之下,大产的知名度却高达85%。

1981年秋,日产公司宣布了把美国市场的大产改为日产的决定,因为改名有利于全球战略的实施。采用统一的全球名称后,广告宣传、产品介绍、促销材料就能跨国使用,这简化了产品设计和产品生产。而且,潜在的顾客即使在其他国家旅行期间,也能随时接触到产品的名称。

不过,据行业观察员推测,改名有利于日产公司在美国出售股票和债券才是最重要的原因。他们还认为自尊心也起到了很大的作用,日产高管眼睁睁地看着丰田、本田成为美国家喻户晓的名字,一定会为日产的缺席而感到难过。

1982—1984 年,日产公司落实了改名决策,逐步改变了产品名称。在 1982 年的车型中,日产名字出现在汽车前护栅上,护栅后面左侧为大产名字,右侧为日产名字。但其他大产车型只采用了"日产制造"的广告语,并无其他举措。因此,很多汽车在销售时同时拥有两个名字。1983 年,一些车型已被完全取代。例如,1983 年大产 510 车型被日产斯坦扎(Nissan Stanza)取代。1984 年,改名工作全部完成。

当然,广告宣传是改名工作的前提。"大产:我们的动力"系列广告于 1977 年开始投放,取得了巨大的成功,后来被"活跃起来,走,开车去:来自日产的大胆建议"、"大胆建议:车的名字叫日产"等系列广告取代,日产公司在美国的广告预算从 1983 年的 1200 万美元增长到 1987 年的 1800 万美元。"车的名字叫日产"系列广告的投入资金估计在 2400 万美元左右。毫无疑问,注册新名称在某种程度上增加了广告预算。很明显,"车的名字叫日产"广告宣传加上名字注册的效果远远不及大产系列广告成功。

最不可思议的是,大产的名字非常坚韧,难以撼动。1988 年春,一项全国性调查发现,即使大产已经从商场上绝迹了 5 年,即使日产的名字得到了大力宣传,但美国人对大产的认识和尊重几乎与日产不相上下。

名称改换的最大潜在成本是销量对净利的影响。日产公司市场份额从 1982 年的 5.9% 下降到 1983 年的 5.5%,再到 1984 年的 4.5%——总共下挫了 1.4 个百分点。不过,在这段时期,美国对进口车实施限制政策,日产汽车自身爆出若干质量问题,本田汽车销量呈现上涨态势,这些都会对日产汽车的市场份额产生影响。因此,改名而造成的产品混乱究竟在多大程度上导致了日产份额的下跌是很难确定的。当然,改名带来的产品混乱肯定是非常重要的影响因素。

营销视点 1-3

通用变百得

百得公司于 1985 年收购了通用电气公司的小家电业务,虽然通用电气的名字仍然可以沿用数年,但百得却突然决定改换名字。他们立即更换产品名称,并投入 1 亿美元的广告费,为新品牌建立知名度。结果在前 18 个月,百得作为厨房小家电生产商的知名度从 15% 攀升至 57%。然而,百得公司认为,广告宣传的持续时间、宣传难度和宣传成本都远远超出了他们的预期。

通用电气名称的热度经久不衰是百得故事最显著的特点,这一点与日产的情况颇为类似。1988 年末,也就是百得决定改名的 3 年之后,有人对随机抽取的 1000 个家庭样本进行了调查,调查结果发表在一份折扣商店专业杂志上。每位调查对象都要回答这样一个问题,即在各类产品中,他们会选择哪一种品牌。

按常理推测,通用电气牌家庭用品销声匿迹 3 年后,其名称也会如潮水般退去。然而,令人难以置信的是,人们对通用电气名称的喜爱程度是百得的 4 倍。

1.3.1 品牌知名度

1.品牌知名度的概念

品牌知名度是指品牌被公众知晓的程度,是评价品牌资产的量化标准之一。在消费者的行为中,品牌知名度表现为消费者认出特定的品牌(品牌再认)和想起特定的品牌(品牌回忆)两种形式。品牌再认旨在先认出品牌的有形要素,后想起是否有该类需要;品牌回忆是指先有某类需要,后想起是否有该类品牌。

从消费者的心理和行为反应来看,品牌知名度就是目标群体对商品、公司、商标等信息的学习和记忆的结果。而它作为一种条件联系,形成和消退也依赖于强化。这种强化的根源在于对商品各种物理特性(价格、款式、包装、质量等)以及消费者通过体验和感受这些物理特性而形成的认知,是一个由浅入深的变化过程。消费者对品牌认知的不同程度可用品牌认知金字塔来表示(见图1-5)。

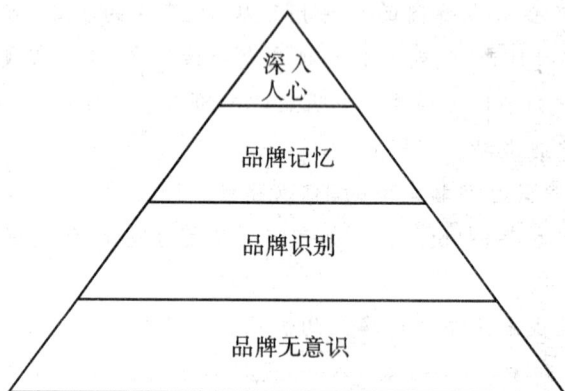

图 1-5　品牌知名度的层级

从图1-5中可以看到,最底层是"品牌无意识"阶段,即对该品牌没有更详细的认识和了解,仅仅是"知道有这个品牌",或者"好像在什么地方见过"。在这个阶段,品牌不会对消费者的行为产生明显的影响,但是这是消费者对该品牌更深层次地了解和认知的基础。比如,当人们通过电视或墙体广告的告知认识到"大红鹰,胜利之鹰"时,对它所要传达的信息并没有更真切和深刻的感受。但是,能让目标群体记住这个名称就是该告知型传播要达到的效果。

图1-5中第二个层次的"品牌识别"位于"品牌无意识"的上一层,如果被测试者能够将产品类别和品牌联系起来(但不必十分强烈),那么该品牌在消费者心中就是处在品牌识别阶段。在品牌竞争的时代,如果没有"品牌识别",几乎不会有任何购买决定的产生,更不会促使消费者的购买行为。比"品牌识别"更高一个层次的是"品牌记忆",它是指消费者在得不到提示和帮助的情况下能够对一品牌产生自主记忆和回忆的心理行为。在这个阶段,品牌明晰地存在于消费者的记忆中,并在他们的知识网络中处于优势位置;当消费者意识到对该产品类别的需要时,该品牌能够顺利地成为备选项。

品牌知名度的最高阶段是"深入人心",从图1-5中可以看出,该阶段位于金字塔的顶端。处于该阶段的品牌是消费者在无任何提示的情况下,脱口而出的第一品牌。这种品牌在消费者心中处于一个特殊位置,而使其经久难忘。

消费者在购买商品或服务时,面对众多的品牌,往往倾向于选择自己最熟悉、最喜欢的品牌。因此,一个能被人们认识、记住,尤其是深入人心的品牌,在消费者的购买决策中起着至关重要的作用。而要提高品牌的知名度,就必须在商品和服务具有稳定质量的前提下,通过媒体和公共关系进行宣传和传播,使之为广大消费者所知晓。

2.如何实现知名度

实现知名度就是要让顾客认得出品牌、想得起品牌,它包括两个方面的任务:一是取得品牌身份,二是将品牌与某类产品联系起来。对于新品牌,两项任务缺一不可。不过,在某些情况下,如果其中一项任务已经实现,那么工作安排就会有所不同。例如,像比萨地带(Pizzaplace)这类品牌名称已经表明了产品门类,我们只需把品牌名称建立起来即可。如果乐通(Roto - Rooter)这个名头响亮的品牌要进军水暖行业,我们也只需把既有名称同新的产品门类联系起来即可。

知名度应当如何实现、保持并提高呢?虽然最佳方案取决于具体环境,但我们根据心理学、广告学的权威研究,对成功建立知名度、维持知名度的品牌进行观察后,最终给出以下几条指导原则。

(1)与众不同,令人难忘。

要让产品众所周知,就要给出让别人关注产品的理由,而且这种理由一定要令人难忘。方法有很多,但最好的办法就是独具一格、与众不同。我们不妨看一看会说话的帕克(Parkay)人造黄油。它采用了幽默的手法把派克笔同人造黄油联系起来,从而与其他品牌的传播手段形成了差异。

在很多产品门类中,品牌的传播方法非常相似,让品牌很难脱颖而出。例如,大多数香水、跑车、薄荷香烟、软饮料的广告千篇一律,令顾客眼花缭乱,无从辨别。有一位广告客户把电视广告中可口可乐的声道切换成七喜,结果几乎没有人注意到。

当然,在品牌和产品门类之间建立联想是有必要的。例如,把汽车置于孤立的山巅,也许让人难忘,但观众往往想不起来置于山巅的究竟是哪款汽车。

(2)使用口号或押韵。

使用口号或押韵可以极大地改变宣传效果。"可以漂浮"或"你今天需要休息了"等口号有助于加深人们的印象。说起某类产品,比如说香皂,我们就很容易想到"可以漂浮",继而想到象牙皂,而不是直接想到象牙皂这个牌子。由于口号中包括了非常直观的产品特征,因而更容易产生联想。因此,建立易于联想到品牌、产品门类的口号是值得的。

押韵是创造知名度的有力武器。有人设计了一个新产品模型,用以预测新产品推出13周后的知名度水平。在对58款新产品进行实验后发现,有些产品的回想水平高于其他产品,原因在于朗朗上口的广告词起了极其重要的作用。

(3)标志宣传。

如果标志已经存在或者可以设计出来,那么标志在创造知名度、维持知名度上就能起到重要作用。例如,肯德基上校、美通公司(Transamerica)的金字塔或旅行者公司(Travelers)的伞,都与品牌密切相关。标志属于视觉形象,比单词或短语更容易识别,更容易回想。而且,除了广告以外,标志还可以通过很多创造性方法达到宣传目的。例如,贝蒂妙厨举办烘焙比赛,百威啤酒举办克莱兹代尔马队展览,苹果公司举办各式各样的电脑展览,等等。

(4)公共宣传。

广告宣传非常适于提升品牌的知名度。在广告宣传中,广告信息和广告受众可以准确定位,从而满足品牌的需要,而且广告一般是获得曝光的有效方法。不过,公共宣传也可以起一些作用,有时甚至起主要作用。公共宣传不仅成本远远低于媒体广告,而且效果更佳。与单纯的阅读广告相比,人们往往更喜欢了解新闻故事。例如,固特异的小飞艇每年都会有几千条的新闻剪报。因此,问题的关键是制造与品牌相关的、有新闻价值的事件或问题。

假如产品本身就是有趣的,那么这种情况最理想不过了。例如新概念汽车——米埃塔(Miata)双座跑车,或新型计算机芯片。不过,万一产品本身不具备新闻点,我们就需要制造事件、设计标志,或者采取其他手段。例如,美国本杰里公司(Ben and Jerry)策划了"移动奶牛"的活动,开着冰淇淋车全国漫游,所到之处免费赠送本杰里冰淇淋。这件事至少在途经的小城小镇是有新闻价值的。

(5)活动赞助。

多数活动赞助的主要作用在于制造或维持知名度。因此,沃尔沃汽车赞助网球巡回赛,维珍妮香烟(Virginia Slims)赞助女子巡回赛,美通公司赞助网球锦标赛,凡此种种都让它们暴露在现场观众、电视观众、赛前读者、赛后读者的眼前。很早以前,啤酒品牌就发现了宣传推广的价值,因此百威、米勒、康胜等品牌经常与数以百计的体育赛事联系在一起。

(6)品牌拓展。

想让顾客想得起品牌,也想让品牌更加引人注目,我们就可以把品牌名称扩展到其他产品上。可口可乐、亨氏食品、新奇士把自己的名称扩展到其他经过宣传、展示并使用的产品上,这些品牌的名称因此得到了宣传。

在日本,索尼、本田、马自达、三菱、雅玛哈等很多知名企业甚至把自己的名称应用到了所有的产品上。例如,索尼这个名字是经过精心挑选的,目的是为了能够得到广泛的应用,进而从多项推广活动中获得利益。三菱的名字和3个菱形的标志遍布三菱25000款产品,其中包括汽车、金融产品甚至蘑菇产品。

当然,凡事总有利弊。虽然广泛采用同一品牌名称往往可以提高品牌回忆率,但如果采用不同名称,会有机会为各个名称开发不同的联想。

(7)运用提示。

品牌提示往往可以在知名度宣传活动中起到辅助作用。其中,包装是特别有用的一种品牌提示。包装是消费者直接面临的刺激因素,决定着消费者是否对产品有兴趣。莫顿盐业或瘦身特餐的包装就是产品的提示。职业网球运动员安德烈·阿加西(Andre Agassi)则会给人以球拍产品的提示。在某些情况下,提示还可以用来提醒人们在广告中宣传的品牌联想。例如,生活公司(Life)针对谷类食品策划了米奇系列广告。广告中有一个聪明的小男孩叫米奇,他非常喜欢生活公司的谷类食品,最后连他哥哥都觉得难以置信。生活公司把米奇的小照片印在包装上,形成广告提示,大大提高了广告的宣传效果。

(8)品牌回想需要反复宣传。

顾客回想品牌比让顾客认出品牌更难。我们需要让品牌名称更加醒目,让品牌与产品的联系更加紧密。我们知道,时间久了,顾客对于以前仅有几次接触的品牌也许还认得出,但却未必想得起。品牌回想是困难的,既需要顾客深入了解,也需要厂家反复宣传。当然,要想成为顾客首先想到的品牌,更是难上加难。像百威这样的品牌,之所以总是被顾客首先想到,这与其反复宣传是密切相关的。

通过持续宣传来维持首想知名度,不仅可以提高品牌知名度,还可以提升品牌特征,阻止顾客回想其他品牌。很多研究表明,一旦给出了一个或一组品牌名称,实验对象就很难说出其他竞争对手的产品名称。在其中一个实验中,实验对象看了德里斯坦感冒药(Dristan)的电视广告后想到的感冒药品牌要少于那些没看广告的实验对象,因为德里斯坦这一知名品牌阻挡了实验对象对大脑记忆的搜索。

1.3.2　品牌品质认知

1. 品牌品质认知的概念

这种对品牌所体现的品质的认知因为消费群体的不同而各异,因为不同消费群体的目的、意图不同,甚至不同的消费群体还存在千差万别的个性、偏爱和需要等,这些都影响他们对特定产品或服务的关注点的选择。另外,在不同的市场阶段下,消费者对产品或服务要素的关注点也不同。品牌要与竞争者区分开来,就应该塑造和提炼不同的质量要素。

总之,当一种品牌所体现的品质被多数消费者看好时,即消费者感觉良好时,这个品牌就会走俏、吃香;而当一种品牌所体现的品质在消费者的感性认知中处于不佳状态时,这个品牌就没有希望,甚至会走向没落,即使努力改进产品的质量也无济于事,无法影响或改变消费者的成见。

2. 影响品质认知的因素

消费者通过各种渠道对具体的产品或服务的接触形成对这一品牌整体品质的认知,而且这种已形成的认知会影响消费者对该品牌其他产品或服务的感受,从而体现出品牌作为一种资产的价值。企业可利用品牌品质认知形成的途径,提高品牌认知质量。(相关的策略将在以后章节中阐述)

1.3.3　品牌联想

1. 品牌联想的概念

品牌联想是指消费者记忆中与某品牌相关联的每一件事情,是品牌特征在消费者心目中的具体体现。当人们想起一个特定的品牌时,会很自然地与某种特定的产品、服务、形象,甚至愉快的场景等联系起来;或者当对某种产品或服务存在需求,或者体验到某种场景时,就会和某一特定的品牌对接起来,这些都是品牌联想的具体表现。例如,提到肯德基,人们就会想到和蔼可亲的山德士上校白色的西装、满头的白发、饶有兴味的山羊胡子、亲和的微笑,还有香辣鸡翅、原味鸡块、土豆泥等美味,温雅、恬静的氛围以及令人“吮指回味”的感觉……

品牌形象是品牌定位沟通的结果,品牌定位是具有操作性、参考性的销售点,经过传播之后,在消费者脑海中形成许多品牌联想,最终构成一个具有销售意义的品牌印象。

2. 品牌联想的来源

一个成功的品牌包含着丰富的品牌信息,这些信息都可成为品牌的来源。不同的消费者体会从不同的角度理解和记忆这些信息,这就是品牌联想的支撑点,或品牌联想的来源。例如,日本人想到万宝路香烟时认为这是社交活动中的一种优秀的道具,泰国人则会联想到它可以使人们的身心放松,而美国人则用它来标榜自己的那种粗犷、豪放的牛仔作风。当然,对于不同类别的产品来说,消费者也会从不同的方面与该品牌联系起来,即不同类别的产品品牌联想的内容各不相同。提到洗衣粉的各种品牌时人们易于联想不同品牌产品的特殊功效,提到红酒和香水等产品时人们更倾向于和其产地联系起来等。

品牌联想的来源有很多种,而品牌管理者只对直接或间接影响消费者购买行为的联想来源感兴趣,同时,决定兴趣大小的不仅仅是品牌联想的特性,而且还包括这些特性是否有吸引力以及是否被广大消费者所共享。这里着重分析五种主要的品牌联想来源。

(1)产品特征。

当消费者接触到一个品牌时,大多数情况下会想到该品牌所标示的产品或服务所具有的特征。当人们看到宝洁公司(P&G)的 Oxydol 品牌的产品时,就会想到该品牌的洗衣粉中添加了漂白剂,使衣服"绝对雪白,不会使衣服变灰"。如果这一产品特征联想与消费者需求之间完美契合,并且与竞争品牌之间可以很明显地区分开来,那么这一联想就会立刻转化为消费者购买该品牌的原因。

在品牌管理中,品牌定位的一个重要步骤就是使消费者很自然地将该品牌与产品特征联系起来,从而形成清晰的品牌联想。品牌经营者通常会挖空心思地寻找一个或几个被竞争对手忽视或者还没有被发现的产品特征进行定位,这样的定位会使消费者耳目一新,而且很具吸引力。

(2)价格。

价格也是消费者经常与品牌联系的来源之一。考虑到品牌因素,这里将产品价格分为效用价格和溢价两部分。其中效用价格是指与产品内在效用相对应的价格,是产品价值的外在表现,是生产产品所花费的社会必要劳动的一种度量;溢价则是体现产品附加价值的那部分价格。一般来说,品牌的知名度和美誉度越高,即品牌给消费者带来的心理和情感的感受越鲜明和强烈并且具有竞争力,溢价部分就越大。例如在法国,每瓶香槟酒的零售价格为 70～100 欧元不等,而一般红、白葡萄酒的售价只有 15～30 欧元,高出的 55～70 欧元大部分就为溢价部分。而溢价部分的高低是和品牌知名度和美誉度(即品牌在消费者群体中的公信力)密切相关的,如果给知名度和美誉度都比较低的品牌以较高的溢价,势必使消费者产生质次价高的品牌联想,从而稀释了品牌资产。

优秀的品牌可以形成溢价的原因是多种多样的。品牌最基本的表现形式就是一组文字、图形和符号等的组合,以与竞争品牌的产品服务区分开来,而这种功能不足以形成溢价。当该品牌所标示的产品或服务为消费者所认识和了解,并得到一定程度的肯定时,从消费者的角度来看,该品牌所承载的是产品质量和服务质量的保证和承诺,消费者就会对该品牌形成一定程度的偏爱,愿意花费更高的价格购买该品牌所标示的产品和服务,形成品牌溢价。同样的道理,当一种品牌可以给消费者带来独特的心理感受和情感上的依托时,同样会形成品牌溢价。图 1-6 所示为法国迪奥沙丘男士香水的图文组合。

图 1-6　迪奥沙丘男士香水

（3）消费者。

当一个品牌所标示的产品或服务选择一个明确而又独特的目标群体时,人们有时会将品牌与特定的目标群体联系在一起,从而形成品牌的消费者联想。例如,法国的贝阿尔公司生产的贝阿尔牌高科技绳,主要用于攀登山峰。公司每年大概生产250万米绳子,一半在法国国内销售,另一半销往世界各地。该公司采用"连续热处理"的高科技生产工艺,使一根绳子中有的部分非常坚硬,有的部分又非常柔软。据调查,有的顾客购买贝阿尔牌绳子并不用来登山。当问及为什么购买该品牌的绳子时,90％的人回答:"一看到该品牌,就立刻想起运动员攀登山峰的情景,而登山运动员用的绳子的质量绝对是上乘的。"

（4）地区或国家。

由于客观经济环境、自然环境以及历史传统等因素的影响,某些产品与竞争品牌相比会形成独特的优势和差异点,这个时候在品牌管理和策划中就应该以该地区和国家作为品牌联想的支撑点。例如,欧洲的阿尔卑斯山出产的矿泉水,美国底特律的汽车,法国科涅克(干邑)白兰地及香槟酒,巴黎时装、香水,苏格兰威士忌,安特卫普宝石,中国的云烟、川酒(云南的烟,四川的酒)等。因此,接触到这些品牌,消费者就会立刻联想到相应的地区和国家,这非常有利于品牌延伸。

（5）生活方式或个性。

由于经济的发展和技术的进步,以及由此带来的人们生活富足,使得消费者群体在不断地分化,人们不断地关注和追求自己所向往的生活方式,并注重个性的张扬,很多公司也加强了广告的宣传,试图将品牌和人们所崇尚的生活方式联系在一起。如一则苏格兰威士忌广告的画面中显示的是一位英俊的中年男士一只手握着一杯威士忌酒,另一只手驾着他的游艇(寓意为事业有成、生活富足、热情奔放)。

1.3.4　品牌忠诚度

品牌忠诚度高的消费者是企业的财富。美国商业研究报告指出:多次光顾的消费者可为企业带来20％～85％的利润,固定消费者的数目每增长5％,企业利润就会增加25％。因此,如何提高消费者对企业品牌的忠诚度,也是企业品牌战略的一项重要内容。

品牌忠诚度是指消费者在与品牌的接触过程中,由于该品牌所标示的产品或服务的价格、质量因素,甚至是由于消费者独特的心理和情感方面的诉求所产生的一种依恋而又稳定的感情,并由此形成偏爱而长期重复购买该品牌产品的行为。品牌忠诚度是消费者对某品牌产生的感情的度量,它反映了一个消费者的偏好,即由一个品牌转向另一个品牌的可能程度。

品牌忠诚度的形成不完全是依靠产品的品质、知名度、品牌联想及传播,它与消费者本身的特征密切相关,它的形成有赖于消费者的产品使用经历。提高品牌忠诚度,对一个企业的生存发展、扩大其市场份额都具有极其重要的作用。

营销视点 1－4

微处理的故事

1979年,微处理公司(MicroPro)推出了一款文字处理软件WordStar,可在CP/M上运行,CP/M是当时个人计算机的标准操作系统。WordStar是第一款运行可靠、功能齐全的文字处理软件,很快占领了对文字处理要求高的用户市场。通过一系列组合键的巧妙使用,用户可以实现盲打,非常快速地执行各种各样的文字处理任务。

随后几年,微处理公司的销售收入呈爆炸式增长:

1980 年为 150 万美元。

1981 年为 440 万美元。

1982 年为 2230 万美元。

1983 年为 4380 万美元。

1984 年为 6690 万美元。

1981 年,IBM 进军个人电脑业务。此举不但增加了 IBM 产品的认可度,同时也把文字处理软件带到了商用领域。IBM 计算机及其 MS-DOS 操作系统成为名副其实的行业标准。第二年,微处理公司改写 WordStar 软件代码,使其适应 MS-DOS 操作系统。然而,它们并没有真正利用新型电脑 10 个功能键这一重要特征,而是死守多键组合的命令结构。也许真正的盲打人员不会在乎新的功能键,但很多新兴商业用户往往不是熟练的盲打员,他们的确被功能键的强大功能吸引了。

IBM 进军个人电脑之后,市场上又出现了一系列互相竞争的软件,其中最成功的当推 WordPerfect(完美文字)和 Microsoft Word(微软文字),它们分别于 1982 年和 1983 年推出。这两款软件都有一系列的改进,都充分利用了功能键。为了应对两者的竞争,微处理公司推出 WordStar 3.3 版,极大地缩短了差距。然而,这一版本一直延续了 4 年,期间从未更新。我们要知道,在软件这一领域,公司必须持续改进,才能应对竞争对手的软件革新和日益频繁的硬件升级。

1983 年,微处理公司实际上已经占领了市场的主导地位。1984 年,微处理公司已经拥有 80 多万 WordStar 用户。在文字处理领域,用户的转换成本非常高,而且购买软件的新用户也严重依赖于那些经验丰富的同事和朋友。然而就在行业快速发展之际,微处理公司的销售却在 1985 年下降到了 4260 万美元。此后一直到 1990 年,销售始终不见起色。其中,1987 年,微处理公司市场份额骤然降至 12.7%,到了 1989 年末,市场份额不足 5%。虽然 1983 年收益超过 400 万美元,1984 年将近 600 万美元,但在接下来的 3 年中,收入几乎不复存在,平均每年不足 100 万美元。随后,巨额亏损接踵而至,1988—1990 年平均每年亏损超过 400 万美元。股票价格从 1984 年 7 月的十几美元下跌到 1990 年 4 月的 1 美元以下,公司价值不到 1000 万美元。

然而就在同一时间范围内,WordPerfect 腾空而起。1982 年市场份额为零,1987 年底已经超过 30%,1989 年更是猛增到 70% 以上。虽然 WordPerfect 的股票没有上市交易,但公司价值应该介于 10 亿美元(假定利润率、市盈率均在行业平均水平)到 20 多亿美元(假定其利润率、市盈率与微软公司大致相当,而且这种假设的可能性更高)之间。

当然,其他文字处理公司数以百计,但均未能存活,主要原因在于它们没有顺利的开始,没有足够的分销和销售渠道。另外,它们也没有像 WordStar 一样拥有庞大的客户群。

WordStar 之所以失去阵地,主要原因在于,它背离了既有顾客群的需求。第一,它未能向既有顾客提供足够的使用支持。第二,重要的后续产品与 WordStar 早期版本不相兼容,不但不兼容,最后还互相竞争。

当然,到了 1987 年,微处理公司背上了对顾客漠不关心的坏名声。顾客遇到问题打电话咨询,却总也接不通,因此业界有了"微处理,请别挂断电话"的调侃。而且,电话费是由顾客支付的。即使顾客接通了电话,也往往会被转接到经销商那里,而经销商不是不愿意帮忙,就是帮不上忙。因此,顾客的沮丧程度自不必说。

相形之下,WordPerfect吸取了微处理公司的教训,建立了无限制、免费的热线电话咨询服务,这项服务后来成为WordPerfect的重要特征。一位作家曾说,WordPerfect系统提供了一种"不问则已,有问必答"的技术帮助,这种作风是其他公司没有的。他最后还得出了饶有讽刺意味的结论:"付费顾客喜欢幻想着软件商接听顾客电话,并解决顾客问题。"1984年11月,微处理公司开始推出WordStar 2000,这令WordStar用户翘首以盼,因为他们早就想对钟爱的软件进行升级了。尽管WordStar 2000在其他功能方面具有竞争优势,但反应速度仍显迟缓,内存占用高于WordStar。同时,WordStar 2000不能兼容早期版本,顾客仍然需要重新学习新的使用说明。此外,WordStar盲打人员还必须学会使用独立于键盘的功能键。

其实,WordStar 2000几乎完全支持WordPerfect(以及Microsoft Word)的功能键处理这一特色功能,可以说是WordPerfect的翻版。而且,WordStar用户也知道,要想使用最高级的功能,就必须重新学习软件。改用WordStar 2000绝不比改用WordPerfect或Microsoft Word轻松多少。

1986年初,WordStar 2000发布第二版,纠正了很多问题,提高了产品竞争力,但是仍然无法兼容WordStar老版本;1987年11月WordStar 2000第三版同样无法兼容WordStar老版本。

与此同时(1986年底),微处理公司投资310万美元收购新星软件公司(Newstar Software),因为该公司开发出一款"Modern WordStar"软件。该软件于1987年2月以WordStar专业版第四版推出。WordStar用户终于迎来了软件升级,只不过,这迟到了好几年。1988年4月,WordStar专业版第五版推出,并获专业刊物好评。1989年第5.5版发布。

然而,WordStar专业版和WordStar 2000分裂为两条产品线,最后出现了两个非常严重的问题。第一,两款产品功能相似,目标市场也基本相同,结果形成了相互竞争的关系。第二,公司提供两款产品,顾客反而更加困惑——甚至连微处理公司的销售人员和零售代表也莫名其妙。顾客究竟该选哪款产品?没有明确的答案。

即使进行广告宣传,也无法解决顾客的困惑。1987年,WordStar专业版开展了"文字之星看'文字之星'"的活动,美国作家汤姆·沃尔夫(Tom Wolfe)等名人用户参与其中极力赞美这款软件。然而,WordStar 2000第三版一经推出,该活动即宣告破产!

1989年,微处理公司开始奋力扭转乾坤,但为时已晚。公司决定放弃WordStar 2000,转而支持WordStar专业版——该款软件可以兼容190万WordStar既有用户。WordStar专业版被定位为一款盲打人员的高效工具,有了这款工具,盲打人员就可以充分利用独具特色的控制键命令来提高工作效率。另外,微处理公司还建立了相应的顾客电话支持系统,同时推出第一期"文字之星简讯",向顾客提供更多帮助。WordStar的图形界面也更加精美。微处理还对WordStar老用户进行软件升级,其口号为"让失落的星星重回家里"。通过建立直销队伍,绕过全国性经销商直接与顾客建立联系,WordStar似乎生存下来了,但只能在曾经控制过的市场中充当小配角了。

点评:我们已经看到,如果一个行业的转换成本非常高,同时顾客口碑又是非常重要的影响因素,那么1984年数量庞大的顾客群无疑是WordStar的巨大资产。只可惜,WordStar没有为顾客提供足够的产品支持,只专注于WordStar 2000,离顾客资产越走越远,最后为竞争对手

（WordPerfect 和 Microsoft Word 的开发者）制造了难以置信的机会。

创造新模型、淘汰旧模型并非不可能，特别是有现成的名称可以使用时。20 世纪 60 年代中期，IBM 公司推出 System 360 大型主机，这款全新的产品完全取代了旧产品。而且，当时的 System 360 和后来 1984 年的 WordStar 2000 有两点明显的不同。第一，System 360 属于高品质顶级产品，而 WordStar 2000 不是。第二，IBM 拥有非常忠诚的顾客群，他们相信 IBM 一定会对新产品提供支持。相比之下，WordStar 没能取信于顾客，造成很多顾客不满于微处理公司的服务态度。

营销视点 1-5

我国汽车品牌忠诚度的现状

根据最近进行的一项"中国汽车行业研究"结果显示，中国的消费者缺乏对洗车品牌的忠诚度，价格是影响购车行为的主要因素。调查显示，消费者在购车时主要通过媒体渠道获取有关购车信息。54%、16% 和 19% 的购买者分别将传统媒体、朋友和广告作为主要信息来源。16% 的人会通过互联网获取购车信息，但是仅有 8% 的人称他们会去汽车经销商的产品展示厅获取相关资料。同时，价格仍然是决定购车意向的关键。关于购车时首要考虑的因素，选择"物有所值"的为 36%，选择"品牌"的仅占 17%，而汽车的性能、设计、安全性和舒适性目前也不是消费者最关心的因素，这与国外主要汽车市场有着很大的区别。中国的汽车经销商尚未树立起足够强大的影响力，或者说还没有与潜在的消费者建立起足够紧密的关系。虽然个别汽车品牌已经占有国内市场主导地位，但是其品牌尚未树立竞争优势；厂商还没有与顾客建立起密切的联系，价格继续主导购车的决策过程。中国购车者不习惯通过汽车经销商购车，原因在于可供选择的型号尚不丰富，经销商提供的服务水准也有待提高。汽车厂商在中国建立的品牌忠诚度还有很长的路要走。

影响消费者对汽车品牌忠诚度的主要因素除了汽车本身的质量和价格以外，还有消费者从众心理和汽车的降价。

1. 消费者的从众心理

在我国，绝大多数民众刚刚准备拥有第一辆汽车，对汽车品牌几乎没有所谓的"品牌忠诚度"。国人买汽车有一种普遍现象值得注意：事先确定的车型，往往不是最后买到的车型，这说明消费者购车有很大的不确定性，需要与同价位各品牌多方面地比较。造成从众现象的原因是，大家都缺乏对汽车的全面认识和研究，只能跟着感觉走。某一款车的消费者有 30% 都集中在某一行业。这个效应就像滚雪球一般，迅速扩散，对消费者建立起汽车品牌忠诚度起到了非常大的作用。

2. 汽车降价

汽车特别是轿车降价，其实从中国加入世贸组织前就开始了，而且从来没有中断过。从 2011 年开始，长期坚挺的国内轿车市场价格开始下调。近几年，国内推出的轿车新车型有上百种之多，国产轿车降价的也有上百种车型。降价的国产轿车，既有 5 万以下的小型轿车和微型轿车，也有二三十万元的中高档轿车。除个别车型外，几乎所有的国产轿车都或多或少降低了售价。汽车降价一方面对将要购车的消费者是好事，另一方面严重地损害了已购车消费者的利益。

他们多花了冤枉钱,买来的汽车余值也大大缩水,同时也损害了消费者对该汽车品牌的忠诚度。

3. 品牌忠诚度的分层与衡量

品牌忠诚度首先是消费者对一种产品及其服务的情感价值,以及由此延伸而来的决策和购买行为。这种感情是有深浅之分的,即消费者的品牌忠诚度也可分为不同的层次。具体有以下几个方面。

(1) 无品牌忠诚度。

无品牌忠诚度时,消费者对品牌漠不关心,无品牌意识,完全按照自己惯用的标准进行决策,而这个惯用的标准通常情况下是价格,即这个群体的消费者对价格非常敏感。哪个价格低就选哪一个,众多消费者对许多低值易耗品、同质化行业和习惯性消费品均无品牌忠诚度。

而形成这种现象主要有以下的两种原因:第一,这类消费者第一次消费该产品或服务,没有消费体验,因而对产品或服务没有感情,更谈不上对该产品的忠诚;第二,对产品服务很不满意,自然也就没有忠诚度。

(2) 靠习惯维持的忠诚度。

这类消费者在购买某一品牌或服务后,并没有明显的不满之处,会继续购买该产品,从而形成固定的消费习惯和偏好,并在购买时心中有数,目标明确。但是这种习惯是脆弱的,一旦有明显的诱因,如竞争者利用价格优惠、广告宣传、独特包装、销售促进等方式鼓励消费者试用,他们就有可能改变主意和以往的习惯,转而购买其他品牌,所以这类消费者的品牌忠诚度也不高。

(3) 基本满意的忠诚度。

这类消费者对产品或服务很满意或至少不至于反感,从而对某一品牌具有习惯性购买的行为。他们认为,更换品牌可能意味着风险,担心所更换的品牌不会令人满意,因此不会轻易更换品牌。

(4) 以感情为纽带的忠诚度。

这种忠诚表现为消费者对产品品牌有着忠贞不贰的感情依赖,品牌已成为他们生活中的朋友或情人,一旦更换品牌,就会有背叛对方的愧疚感。

(5) 完全品牌忠诚度。

这是品牌忠诚度的最高层次。这类消费者对某品牌有着强烈的偏好,有时可能发展成一种偏执,甚至把使用该产品视为一种实现自我追求、自我价值的表现。他们坚定地购买该品牌的产品或服务,以成为该品牌的使用者而自豪,并乐于向其他人推荐该品牌,例如,我国有些茶叶消费者,几十年来一直饮用"龙井"、"瓜片"、"碧螺春"或者"铁观音"等,在他们看来,他们所忠诚的茶叶不仅有较高的质量,而且也是传统文化的象征。

1.3.5 附在品牌上的其他专有资产

作为品牌的重要资产组成部分,它主要是指那些与品牌密切相关的、对品牌的增值能力有重大影响的、不宜准确归类的特殊资产,一般包括专利、专有技术、分销渠道、购销网络等。

1.4 品牌资产的基本特征

品牌资产是企业的一项重要资产,是客观存在的。品牌资产超越了生产、商品、厂房、设备等有形资产的范畴,是一种特殊的无形资产。本节主要介绍品牌资产作为一项特殊资产的基本特征。

1.4.1 品牌资产具有增值性

追求价值增值是资产的直接目的,也是资产最基本的特征。品牌资产也是如此,它可以在企业的持续经营中,在运动中保值、增值。对一般有形资产而言,其投资和利用往往存在着很明显的界限,投资会增加投资存量,利用会减少投资存量,而品牌资产则不同。

品牌作为一种无形资产,其投资和利用往往是交织在一起的,难以截然分开。品牌资产的利用并不会引起品牌资产的减少,而且如果品牌资产管理利用得当,品牌资产非但不会因利用而减少,反而会在利用中增值。例如:如果企业不失时机地将品牌延伸到其他产品甚至行业,业已形成的品牌知名度和美誉度会给新产品或服务在拓展市场时提供保障和承诺,迅速获得消费者的接受和认可;反过来,如果新的产品或服务能够支撑起品牌所提供的保障和承诺,更好地诠释品牌的价值和内涵,就会增加人们对该品牌的印象和好感,从而为品牌资产的增加作出贡献。

1.4.2 品牌资产具有波动性

资产增值是在运动中实现的,品牌资产的增值是在品牌资产无限的循环和周转中实现的,而在这个过程中,品牌资产具有波动性。从品牌资产的构成要素上也可以看出,无论是品牌知名度的提高,还是品牌忠诚度的增强,抑或是品牌认知质量的改善,都不能一蹴而就。品牌从无到有,从消费者对其感到陌生,到消费者熟知并认同,再到对该产品产生好感,这都是品牌运营者长期努力的结果。

但是,虽然品牌是企业以往投入的沉淀与结晶,但这并不表明品牌资产只增不减。事实上,企业品牌决策的失误,竞争品牌运营的成功,都有可能使企业品牌资产发生波动,甚至是大幅度的下降,而且在品牌发展的过程中可能会遇到品牌老化的现象,还可能有突发事件使品牌遭受突如其来的打击。此时,如果品牌管理者不能作出正确的决策,那么品牌资产价值就会急剧下降;如果采取了行之有效的措施,品牌资产非但不会下降,反而会上升。可以说,每个品牌资产都是处在变化之中的,即有的上升有的下降。这种波动与市场环境有关,但最根本的影响因素还是因为品牌之间的激烈竞争。在这个多方博弈的过程中,即使拥有世界知名品牌的企业也不可能高枕无忧。

1.4.3 品牌资产具有竞争性

资产增值的本性导致资产和资产之间必然会展开竞争,而竞争关系一旦形成,它对资产的存在和运动又会转化成一种外在的强制力,所以竞争性是资产内在属性的要求,又是面临外在压力的反应,品牌资产也是如此。品牌资产的竞争性体现在强势品牌不仅给目标群体留下深刻的知觉印象,而且能给他们以质量和服务上的保证和承诺,拉近与目标群体之间的心理距离,甚至为目标群体带来鲜明而独特的心理感受和情感依托,从而与目标群体之间形成抢夺客户的竞争关系。所以,品牌会与品牌之间形成抢夺客户的竞争关系,这也是品牌资产之所以重要的意义和依据。

1.4.4 品牌资产是营销绩效的主要衡量指标

产品资产的实质是销售者(企业或其他品牌主体)交付给买者的产品特征、利益和服务等方面的一贯性承诺,为了维系企业与消费者之间互惠互利的长期交换关系,需要积极进行营销活动,履行各种承诺。可以说,品牌资产是企业不断进行营销投入或开展营销活动(包括市场调查、市场细分、市场选择、产品开发、制定产品价格、选择分销渠道和统配促销方式等)的结果,每一种营销投入或营销活动都或多或少地会对品牌资产的存量的增减产生影响,正因为这样,分散的、单一的营销手段难以保证品牌资产获得增值,而是必须综合利用各种营销手段并使之有机地协调与配合。像奔驰、可口可乐、索尼等世界著名品牌之所以能够长盛不衰,与其品牌运营者拥有丰富的营销经验和娴熟的营销技巧是密不可分的。品牌资产的大小是各种营销技巧和营销手段的综合作用的结果,它在很大程度上反映了企业营销的总体水平。因此品牌资产是营销绩效的主要衡量指标。

本章小结

随着经营环境和消费者需求的变化,品牌塑造成为企业经营活动是否成功的一项重要考评指标,甚至是企业经营的终极目标。但是到目前为止,品牌资产的概念及其特征仍然是值得探讨的话题。本章首先介绍了品牌资产的概念,并从三个不同的角度简单介绍品牌资产的概念,即基于财务会计的品牌资产概念、基于市场品牌力的品牌资产概念、基于消费者的品牌资产概念。其次,从两个方面介绍了品牌资产的组成要素,即品牌资产的有形要素和品牌资产的无形要素。最后,介绍了品牌资产的基本特征。品牌已不仅仅是它最初的含义,其组成要素具有多样性和复杂性等特征,另外,品牌资产也具有增值性、波动性、竞争性等特征,这些都对企业塑造品牌具有深远的指导意义。

案例分析

星巴克如何打造品牌?

《商业周刊》评出的 2001 年全球 100 个最佳品牌中,星巴克排名第 88 位,而与排名第一位的可口可乐的品牌价值(689 亿美元)相比,星巴克的品牌价值(18 亿美元)是个小数字。但是,《商业周刊》称星巴克是最大的赢家,因为该年度许多著名的品牌价值是大跌的(如施乐的跌幅为 38%,亚马逊和雅虎的跌幅均为 31%),而星巴克的品牌的价值却猛增了 38%,在 100 个著名的品牌增幅中位居第一。

要想确切地知道全球到底有多少家星巴克咖啡店是一件很困难的事,因为全球每天都有新的咖啡店开张——仅在中国的上海,每月就有一家新的星巴克咖啡店开张。目前它的店铺已遍布三大洲,最新的统计数字是 4435 家。除出售咖啡外,星巴克还出售自己品牌的咖啡器具、音乐制品和糖果。

星巴克公司创办于 1971 年,创始人是杰瑞·鲍德温(Jerry Baldwin)、泽夫·西格尔(Zev Siegl)和戈登·鲍拉(Gordon Bowler),公司主要销售咖啡豆。从 1971 年西雅图的一间咖啡零售店,发展成为国际最著名的咖啡连锁品牌,星巴克创造了一个企业扩张的奇迹。

据研究,企业快速成长有三种方式:其一,递加——将拿手好戏演到最好;其二,复制——在新区域重复商业模式;其三,粒化——选择特定业务单元发展。

星巴克的迅速成长差不多同时运用了这三个战略——星巴克在产品和其服务商的精益求精,不断在不同的区域增开咖啡店就是"复制";从同时出售产品和服务转向以提供服务和体验,这实际上是"粒化"战略。

在谈到星巴克的成功之道时,星巴克的CEO霍德华·舒尔茨说:"顾客越来越精明了,再也不像以前那样相信商家了。因此我相信,今天建立一个品牌变得更为复杂了,因为人们有更多的选择。"

品牌的建立,似乎永远与巨额的广告联系在一起。这方面的例子举不胜举。星巴克之所以值得关注,在于它开创了一种不依赖广告的品牌创造方式。

这是一种什么样的品牌创立方式?星巴克到底靠什么取胜?雅思培·昆德(Jesper Kunde)在他的《公司宗教》一书中认为,星巴克的成功在于,在一种以创造"星巴克体验"为特点的"咖啡宗教"。

星巴克(Starbucks)这个名字来自麦尔维尔的小说《白鲸》(Mobby Dick)中一位处事极其冷静的、极具性格魅力的大副。他的嗜好就是喝咖啡。麦尔维尔被海鸣威、福克纳等美国著名作家认为是美国最伟大的小说家之一,在美国和世界文学史上有很高的地位,但麦尔维尔的读者并不算多,其读者主要是受过良好教育、有较高文化品位的人士,没有一定文化教育的人是不可能读懂《白鲸》这部书的,更不可能知道Starbucks这个人。星巴克咖啡的名称暗含其对客户的定位——不是普通的大众,而是有一定的社会地位、较高收入,又有一定生活情调的人群。星巴克不是饮料领域的麦当劳翻版——后者面向所有人,尤其是对儿童和收入不高的消费者有很大的吸引力。星巴克的这种有所为有所不为的经营方式取得了巨大的成功。它追求的不是顾客的数量而是顾客的质量,是特定人群对于星巴克咖啡的"品牌忠诚度"。在美国,有些顾客每个月光顾星巴克店的次数竟高达18次,星巴克文化仍然属于美国大众文化的一部分,但它是大众文化中的精英文化,也可说是精英文化中的大众文化。

星巴克体验(Starbucks Experience)

星巴克的价值主张之一是:星巴克出售的不是咖啡,而是人们对咖啡的体验。这令人想起了东方人的茶道、茶艺。茶道与茶艺价值不是解渴,而是获得独特的文化体验。著名的作家董桥说过,有身份的人不饮无道之茶,茶有茶道。而星巴克的成功在于它创造出"咖啡之道",让有身份的人喝"有道之咖啡"。

星巴克对产品质量的要求达到了发狂的程度,无论是原料豆及其运输、烘烤、配置、配料的掺加、水的滤除,还是最后把咖啡端给顾客的那一刻,一切都必须符合最严格的标准,都要恰到好处。除了产品本身之外,"星巴克体验"还包括店内诱人、浓郁的环境——时尚的雅致,豪华而亲切。人们来到星巴克,为的是放松,摆脱繁忙的工作稍事休息,或是约会。人们每次光顾咖啡店都能得到精神和感情上的报偿。因此,无论是其起居室的风格装修,还是仔细挑选的装修物和灯具,煮咖啡的咝咝声,将咖啡粉末从过滤器敲击下来时发出的啪啪声,用金属勺子铲出咖啡豆时发出的沙沙声,都是顾客熟悉的、感到舒服的声音,都烘托出一种"星巴克的格调"。

星巴克将咖啡豆按照风味来分类,让顾客按照自己的风味挑选喜爱的咖啡。"活泼的风味"——口感较轻且活泼、香味均衡、质地滑顺、纯度饱满,并且能让人精神振奋;"粗犷的风格"——具有独特的香味,吸引力强。

星巴克在产品、服务和体验上营造自己的"咖啡之道"。

①产品:星巴克所使用的咖啡豆都是来自世界主要的咖啡豆产地的极品,并在西雅图烘焙。

②服务:星巴克公司要求员工都必须精于咖啡的知识及制作咖啡的方法。除了为顾客提供服务外,还要向顾客详细介绍这些知识方法。

③体验：来过星巴克咖啡店的人都会产生一些独特的经验，即"星巴克的体验"。星巴克一方面鼓励顾客与顾客之间、顾客与星巴克员工之间进行口头或书面交流；另一方面，也鼓励员工与员工分享在星巴克的工作体验。比如在公司内部流传着一些动人的故事，在这些故事中，员工为自己是一个星巴克人感到骄傲。

第三场所（third place）

星巴克努力使自己的咖啡店成为"第三场所"——家庭和工作以外的一个舒适的家庭社交场所，成为顾客另一个"起居室"，既可以会客，也可以独自在这里放松心声，可以说，星巴克的这个目标实现了。因为有相当多的顾客在一个月之内会十多次光顾咖啡店。

1. 浪漫（romance）

星巴克人认为，自己的咖啡只是一种载体，通过这种载体，星巴克把一种独特的格调传送给顾客，这种格调就是"浪漫"。星巴克努力把顾客的体验化作一种内心的体验——让咖啡豆浪漫化，让所有的感觉都浪漫化……这些中，都是让顾客在星巴克感到满意的因素。舒尔茨说："我们追求的不是最大限度的销售规模。我们试图让我们的顾客体会品味咖啡的浪漫。"

2. 授权（delegation）

眼下有很多管理学者在著作中都谈到"授权"的概念，其中许多还描绘了精致的示意图，告诉你怎样才能做到这一点。但它们忽略了关键的一点，即在所有"授权"中，品牌授权可能是最具风险又最具收益的。当你把培育品牌的权力下放给每一个员工，而不是由高层管理人员来包揽时，每个员工的行为就直接与品牌价值有关了。

3. 学习旅程（learning journey）

星巴克的"学习旅程"（每次4小时一共5次的课程），是所有新合伙人在就业头80小时中都要上的课程。从第一天起，新合伙人即熏陶在星巴克的这种价值和基本信念体系之中。

在新店正式开业之前一周，新合伙人的亲友们会参加开业前的聚会。在这些日子的晚间所获得的收入，会作为慈善金交给咖啡店所在的社区。在聚会当天，店主鼓励合伙人煮咖啡品尝，并与其他合伙人一起同顾客讨论。这有助于合伙人与顾客学到更多关于星巴克提供的不同咖啡的知识。

4. 零售复制法（retail duplication）

舒尔茨经常说，星巴克以一种商业教科书上没教过的方式创立了自己的品牌。星巴克的"第三场所"的概念，集中体现了成功的"零售复制法"，而又不成为咖啡店行业中的麦当劳。舒尔茨说："星巴克的成功证明了一个耗资数百万元的广告不是创立一个全国性品牌的先决条件，即它并不能说明一个公司有充足的财力就能创造名牌产品。你可以循序渐进，一次一个顾客，一次一家商店或一次一个市场来做。实际上，这也许是在顾客中建立信任的最好方法。通过这种直接对话的方式，再加上你的耐心和经验，用不了多久，你就会将一个地方性品牌提升为一个全国性的品牌——一个多年来关切个人消费者和社区利益的品牌。"这说明为什么广告并非星巴克发展的推动力。从建立至今，星巴克花在广告上的费用不到2000万美元。

"办好一个店，就等于办好了一万个店。"这听起来匪夷所思，然而却是事实。实际上，创办至今只花了不到2000万美元广告费的星巴克公司的目标是——在全球开20000家星巴克咖啡店。了解星巴克经营之道的人都知道，这对于星巴克来说并非什么难以实现的神话。

5. 咖啡宗教（coffee religion）

这是雅斯培·昆德在《公司宗教》一书中讨论星巴克品牌时使用的一个词汇。把咖啡与宗教这两样东西相提并论似乎不伦不类，其实不然，著名的宗教社会学家卢克曼认为，在现代社会，随着体制化的宗教（"有形的宗教"）的变化，将出现越来越多的"无形的宗教"。人们在少男少女对明星的崇拜中，在球迷们狂热的呐喊中，在各种亚文化群体（如同性恋群体）中，都能感受到不似宗教胜似宗教的东西。《经济学家》杂志最近发表一篇文章说：从仅仅为了确认产品到包含整个生活方式，品牌正逐级深化成一个不断增长的社会空间。在发达国家里，有人认为，品牌已经扩张到有组织的宗教衰落后留出的真空中。消费者愿意为一个品牌付出额外的钱，是因为这个品牌似乎代表了一种生活方式或者一套理念。

因此，耐克用"just-do-it"来说服跑步者，他们出售的是个人的成功；可口可乐则把其嘶嘶作响的饮料与无忧无虑的快乐联系在一起。

星巴克的"咖啡宗教"是由具有大致相同的人生情调、社会身份的人组成的一个共同体。用舒尔茨的话来说："如果人们认为他们与某公司有着相同的价值理念，那么他们一定忠于该公司的品牌。"星巴克公司就是这种"咖啡宗教"的"教会"，星巴克咖啡店就是散布在各处的"教堂"，星巴克的合伙人就是这种"宗教"的"社职人员"，在经过严格的教育和价值熏陶后，他们把一套知识、格调传达给他们的"教民"——常常到咖啡店来做"晨祷"和"晚祷"的顾客。

把星巴克定义为一种"宗教咖啡"后，人们更能理解星巴克的品牌战略。所有的传统宗教都是以口口相传的方式传播的。这种看似原始、笨拙的传播方式的力量是惊人的，正如耶稣最初只有十二个门徒（其中一个还是叛徒），如今信仰他的人却接近二十亿人一样。有强烈人文精神的人会把这种"咖啡宗教"斥为"拜物教"，但他们无法否认，这种"无形的宗教"的影响力是难以抵挡的。

案例思考题

1. 你认为星巴克这个品牌包含哪些品牌要素？它们各是什么？
2. 为什么星巴克这个品牌能够快速地成长？
3. 星巴克品牌扩张的方式有哪些？
4. 试分析星巴克这个品牌是如何塑造的。

关键术语

品牌资产　　品牌识别　　品牌记忆　　品牌忠诚度　　品牌背书
品牌知名度　品牌联想　品牌认知质量　其他专有品牌资产

思考题

1. 根据自己的理解，描述什么是品牌资产。对企业来说，培育品牌资产有什么意义？
2. 举例分析品牌资产由哪些要素组成，并描述该品牌资产的各个组成部分。
3. 品牌资产有哪些特征？
4. 试举例说明如何培育品牌资产。

第2章 | 品牌资产的建立

本章提要

通用、IBM、英特尔、宝洁,这些品牌都在它们的领域进而主导着全球的消费者市场,它们之间的共同点是:全是行业里数一数二的大企业,都拥有强力的品牌及雄厚的品牌资产。是什么因素使这些品牌表现得如此杰出呢? 主要是它们善于运用品牌力量及扩大品牌威力。它们不仅是将品牌视为营销传播的一种无可取代的图腾,更是将品牌当做企业的重要资产,把品牌资产看得和企业员工、设备及资金一样重要,并给予了细心的呵护与培育。品牌资产包括哪些维度? 如何创建品牌资产? 本章将围绕这些问题展开论述。

引导案例

恒源祥的品牌资产动作

当美国耐克在运用品牌资产这一魔方将耐克产品销售全球时,中国的恒源祥也是运用了品牌资产迅速调动社会有形资产,仅以 150 人对其恒源祥品牌进行管理,使恒源祥品牌的产品销售达 30 亿元,并遍布全中国。

恒源祥启动品牌战略 8 年,用品牌资产在长三角培育出 70 多家资产几千万的民营企业,并在全国扶植起 2000 多个百万富翁,500 多个千万富商,为 4 万多人提供就业岗位。而造就这一奇迹的却源于一个品牌——"恒源祥"。这一奇迹的魅力就是恒源祥董事长刘瑞旗用无形资产调动了大量的有形资产。

恒源祥是一个老字号企业,诞生于 1927 年,但是从字号变成商标的那年是 1991 年,而将商标真正进行品牌资产运作又是在 1998 年。恒源祥在那一年上马了 5 个项目——羊毛衫、家纺、袜业、日化、制衣,从此改变了只生产单一的手工毛线的状况。历经 8 年时间,恒源祥已成功延伸到针织、家纺等领域,羊毛衫市场占有率居全国第一。

恒源祥的模式是由加盟工厂生产恒源祥产品,位于上海的总部集中注意力打造品牌,并集产品研发、质量管理于一体,形成了品牌管理在上海,生产在长三角,销售遍布全国的模式。恒源祥这一品牌使 70 多家步履维艰的毛纺企业重现生机,并成为当地的纳税大户。恒源祥模式无意中成了中国早期的特许经营的先驱。而恒源祥的经销商们也在这一品牌的影响下,从最初的创业者成为一个个财富的拥有者。

"恒源祥赢利模式"的成功让专家们颇感兴趣。它不仅成为北大学子的教案,还上了中欧工商管理学院的案例库。中欧专家在研究恒源祥的发展时甚至否认了恒源祥的老字号企业的说法,认为它是一个新兴的企业。恒源祥虽成立于 1927 年,但其注册商标时是在 1991 年,其实只有 30 余年的历史,恒源祥的动作模式实质上是国际上非常流行的以品牌为特许的经营模式。就是凭借这种模式,使恒源祥虽起家于夕阳行业中的绒线行业,但最后以品牌特许扩张到针织、家纺、袜业、日化、服饰等领域,在"黄昏"中升起了一轮太阳,实现了 30% 的年增长率,年销售额达 30 亿元。刘瑞旗说:"品牌是无形资产,品牌的有效经营管理,能够推动和支持一个国家、一个产业的永续发展。如果无形资产小于有形资产,那么自己的有形资产就会流失,只有无形资产大于有形资产的时候,企业才能获得利益和好处,无形资产的威力才可以无限制地复制。"

1991年,美国加州大学伯克利分校教授戴维·阿克出版了《管理品牌资产》专著,从此,"品牌资产"引起了欧美企业界、营销界的高度重视,并迅速流行开来,成为当今欧美营销最热门的主题。阿克认为,品牌资产是连接品牌、品名、符号的一个资产与负债的集合,它可以增加或减少该产品或服务对公司和消费者的价值,假设品牌名称或符号改变,其所结合的资产和负债可能受影响甚至消失。阿克教授将品牌资产分为品牌忠诚度(brand loyalty)、品牌知名度(brand name awareness)、品牌联想(brand associations)、品牌品质认知(perceived brand quality)和其他专有资产(other proprietary brand assets)等五个方面。本章将主要介绍如何建立品牌忠诚度、品牌知名度、品牌联想、品质认知等方面的内容,关于其他专有资产和专利、商标、渠道关系的内容请参看第1章和本书其他章节。

2.1 创建品牌知名度

在第1章中,曾将品牌知名度定义为"品牌被公众知晓的程度,是评价品牌资产的量化标准之一"。简单地说,品牌知名度是指一个品牌在消费者中的心智占有率,即消费者提到某一类产品时能想起或知晓某一品牌的程度。如提到巧克力首先想起的是德芙、金帝、吉百利、雀巢等品牌,而麦丽素、金莎、好时等品牌的知名度就稍低一些。品牌知名度是品牌资产的第一个环节,如果一个品牌消费者根本就不知道,那么就谈不上美誉度、忠诚度、品牌联想和市场影响,这也是品牌知名度的价值。

2.1.1 品牌知名度的价值

品牌知名度的价值体现在它是品牌资产产生价值和增加价值的基础。消费者由熟悉某个品牌,进而引发好感,这个过程有利于品牌联想、有利于其成为被选购的对象以及有利于品牌传播沟通等。这些都能帮助品牌产生价值。

1. 由熟悉引发好感

消费者总是喜欢购买自己熟悉的品牌,对不知道或不熟悉的产品会有距离感,购买时会很谨慎。所以企业可以先拉近与他们的距离,套近关系,使之由熟悉而引发好感,然后再利用时机推销合适的产品或服务。早在20世纪60年代就曾有两位广告大师提出把"建立熟悉感"作为创作广告的重要原则。如果你有一定的成功推销经验,对这一点你就会有更深的感受。

2. 有利于品牌联想

当以品牌名称为基础的品牌识别建立起来之后,消费者对品牌识别认知就自动形成一个网,进而有利于品牌联想,进而有利于对品牌的认知和记忆。

3. 暗示某种承诺

知名度可以作为公司存在、实力、表现及其产品质量特点的信号和暗示。如果一个公司对广告投入很多,这自然就会使受众产生该公司是"有实力的"感觉。也有某些企业就在其产品包装盒上明确标示"中央电视台广告品牌",暗示其品牌和企业的实力与信誉。

4. 成为选购对象

购买过程的第一步,往往是挑选一些候选品牌,就像一个即将毕业的大学生准备出去创业或工作时,首先要选择几个去向候选城市。因而,进入这个候选的品牌目录就对品牌经营是至关重要的。据研究表明,深入人心的记忆与人们的购买态度和购买行为存在着一定的联系。各品牌在未提示的记忆测试中被记起的先后次序不同,它们在被优先选择和购买的可能性上也就会表现出很大的差异。

5. 有利于传播沟通

知名度是企业的一种资源,这种资源开发得好,就有利于受众传播、沟通、认可、记忆、购买。在购买前、中、后,都会有传播的沟通,以达到良性循环和交流。知名度越高,传播沟通的障碍就越小。

2.1.2　品牌知名度的层级

如第1章所述,品牌知名度有不同的层级,是一个由浅入深的过程,即由品牌无意识、品牌识别、品牌记忆,到最后深入人心的发展过程。它们呈现出一个金字塔的模型,越往上发展,就越难实现。从品牌管理的角度看,提高品牌知名度一般要考虑如何强化品牌识别、提升品牌记忆和让品牌深入人心三个方面。在这方面,企业就要总结和借鉴提高品牌知名度的策略。

2.1.3　提高品牌知名度的策略

1. 制造"第一"

中国第一位夺得奥运会金牌的运动员是谁?可能你会很快地说出"许海峰"这个名字。但是第二呢?你很可能说不出来!

世界上最高的山是哪一座呢?第二呢?

中国最高的山是哪一座呢?第二呢?

市场法则说明:"第一"要胜过"更好"。一种新产品首次问世,在人们心目中必然先入为主。按照一般的经验,最先进入人们脑海的品牌,平均而言,比第二的品牌市场占用率要高一倍,而第二位比第三位又要高一倍。

对于品牌知名度而言,创造一个"与众不同"非常重要。在许多产品中,最知名的总是那些最先进入人们心目中的名牌。如啤酒中的青岛啤酒、葡萄酒中的张裕以及瓶装水中的娃哈哈等。

当然,并不是所有的"第一"都能取得成功。这里,时机也非常重要——你的"第一"也可能出现得太早了。例如,万燕是第一家生产VCD的企业,但在今天,由于各种原因,人们早就听不到它的声音了。

2. 侧翼定位

在竞争对手很强大的情况下,正面竞争往往凶多吉少。这时,不如反其道而行之,另辟蹊径,在同类品牌中迅速打响知名度,脱颖而出。

白加黑是反常规定位的典范。"白天服白片,晚上服黑片,黑白分明。"白加黑的广告语准确地表达了其定位。"白加黑"感冒片,率先提出"日夜分开服药"新概念,白天黑夜服用配方不同的制剂,白天服用的白色片剂,能迅速解除一切感冒症状,且绝无嗜睡的副作用,保证在工作学习时仍能精力充沛;夜晚服用的黑色片剂,能使患者休息得更好。白加黑就是凭借其反常规的定位,在一大堆感冒药中声名鹊起。

3. 利用名人效应树立品牌知名度

浙江绍兴咸亨酿酒厂能够在较短的时间内脱颖而出,关键是利用了鲁迅的名人效应,打响了"咸亨"的知名度。由于鲁迅小说《孔乙己》的影响,人们对"咸亨酒店"很熟悉,绍兴酒厂通过广告告诉消费者,不仅鲁迅笔下有"咸亨酒店",现在绍兴还有"咸亨"酒,使消费者欲一品"咸亨"酒为快。

4.制作独特并易于记忆的广告

应用品牌口号和品牌音效,拍摄独特并易于记忆的广告,协助消费者加速对品牌的认知。韩国 Orion 公司当时要推出一种新品牌朱古力"献给你"(To You),但在朱古力市场上,其领导品牌是由乐天公司(Lotte Company)生产的甘娜(Gana)和好时(Hershey Food)公司特别授权、由韩太公司(Haitai Company)生产的"HERSHEY"。于是,Orion 公司启用了张国荣来拍摄广告,并颇费苦心地编造出一个曲折而富有情感的广告片。结果 Orion 一举成名,"献给你"超过甘娜及好时朱古力,成为韩国朱古力市场的盟主。Orion 通过张国荣的演绎,建立起忧愁、浪漫而多情的品牌个性,这明显区别于其他的竞争产品。张国荣替"献给你"演唱的曲目,除了成为家喻户晓的广告歌之外,更荣登韩国流行歌曲龙虎榜,令"献给你"在韩国广为传唱。

5.用悬念广告一举成名

自 2004 年 4 月 12 日,一则悬念广告竖立在了北京及全国其他十几个大城市。广告上,新新人类谢霆锋蓦然回首:4 月 18 日,谁令我心动。许多人第一直觉是谢霆锋又要开演唱会了。但转念一想,这么大规模的投入,仅仅是为了一场演唱会,那举办单位岂不是血本无归。如果不是演唱会又是什么呢?人们百思不得其解,一些敏感的记者开始了追踪调查。

4 月 18 日,悬念揭开谜底,谁也没想到,原来的路牌广告一夜之间全部变换,谢霆锋转过身来,伴随着真情互动几个字捧出一串"FM365.com"的字样,原来这是联想推出的新网站广告。通过这一次悬念广告的动作,联想进军互联网的信息已是路人皆知,FM365 网站也因此一举成名。

6.利用非传统方式进行宣传

为提高知名度,还可以利用一些非传统的手段对品牌进行宣传,例如,一些大商场里也同样可以看到奔驰、甲壳虫、高尔夫等名车的靓影。

原来,商场只是提供场地,幕后的策划者是那些精明的汽车经销商。一位正在商场展车的经销商解释说,在大商场展车,目的是提高公司的知名度,让潜在的客户了解公司的实力;当然,如果能达到销车的目的就更好。

通常汽车经销商展示汽车一般是在专卖店的展厅或大型汽车交易市场内进行,而这些场所一般离繁华的城市中心比较远,对那些不急于买车的人来说,就很少光顾。而在大商场,尤其是高收入的白领阶层经常会去光顾的一些高档商场,平时客流大,在这里展示新车型,对潜在用户了解新车型和将来决策买哪些车型,会起到潜移默化的影响。

2.2 创建品牌品质认知

第 1 章已提及品牌的认知质量,提示了品牌认知质量的概念以及影响消费者对品牌品质认知的因素。本节将重点阐述如何提高品牌认知质量。

1997 年初,中国社会调查事务所进行了一项名为"中国百姓名牌意识"的调查。当问到"你认为什么是名牌"时,被调查者中有 90.16% 的人认为是"产品质量好"。由此可见,品质是品牌的内涵和基础,是企业生存之本,亦是产品的生命和追求。品牌的名字包含着人们对该品牌产品品质的认知,亦包含着品牌经营者对品牌的寄托。建立品质认知,应该是品牌经营者的重要任务之一。

2.2.1 品牌品质认知的内涵与价值

1.品牌品质认知的内涵

如前所述,品牌品质认知是消费者的一种主观判断,它是消费者对于品牌所标示的产品或服务全面质量和优势的感性认知,是对品牌全面的、无形的感知。如一个品牌有吸引力还是无吸引力,受欢迎还是不受欢迎。品牌品质认知并不一定与产品本身真正的品质相符,原因有二:一是因为它是一个主观认识;二是因为不同的顾客有着不同的偏好和要求。有的顾客可能因为他对产品性能要求不高而感到满意,有的顾客可能对价格较高的高品质产品持有一种消极态度,还有的顾客可能因对产品的品质过分依赖而不惜代价。

品质认知本身是一种总结性的、综合性的结构,是一种感知的结合体。对品牌的品质认知可以从内在要素和外加要素两方面去理解、去认识。内在要素是指产品的具体的、物理性的资产。只有在改变产品本身时,内在属性才会发生变化,而且只有当使用产品时才会消耗内在要素。例如,打开一包刚买来的维维豆奶,从起初打开直到用完为止,这个过程,产品的内在要素都在不断地变化。据有关学者研究,对于耐用品有六大内在品质,即使用简易性、功能性、使用表现、耐久性、服务能力以及社会地位;对服务行业来说,则包括依赖、负责、保证、认同和可见性。外加要素与产品实体无关。即使改变它们,产品实体也不会有所改变。例如,价格、品牌名称、标志、广告、分销渠道、促销及质量保证和售后服务等都是品质的外加要素。

总之,品质认知是一种对于品牌无形的、整体上的感觉集合体。

2.品牌品质认知的价值

品质认知的价值主要体现在提供购买理由、有利于产品定位、产生溢价、增加渠道筹码、提高品牌延伸力等方面,为品牌资产创造价值或增加品牌资产价值。

(1)提供购买理由。

在现代社会,如果产品品质认知过硬,再加上适当的广告和促销,该品牌产品就很容易被消费者选中购买。当今,各种各样的信息铺天盖地,消费者往往依赖于自己的消费经验和认知。如果消费者用后相当满意,他们很可能会再次购买,还可能向他人推荐使用。推荐使用的效应非常明显,尤其是向亲朋好友推荐。在信息时代,传播速度不再是一传十、十传百的概念,而是以指数的速度增长。

(2)有利于产品定位。

在选择具有竞争力的产品定位时,必须确定诉求点是否是消费者的关心点。如果能够找到品质上的差异优势,并且是消费者真正所需要的,这种定位就是一种强力而有效的定位。定位是品牌成功的关键。

(3)产生溢价。

品质的优势为厂商提供了索取溢价的选择权,意味着厂商可以采取高价位的策略。溢价产生的额外利益可以用来对品牌进行再投资。如果厂商以竞争价格而不是溢价向顾客群提供品质卓越的产品,那么,这增值将会赢得更广泛的消费群、更高的品牌忠诚度,尤其是在经济疲软时期。

(4)增加渠道筹码。

产品品质影响销售渠道和经销商的选择。经销商乐于出售消费者公认的且受消费者青睐的品牌,这是因为它关系到经销商的形象和效益。如果该产品品质好,那么销路自然畅通。

(5)提高品牌延伸力。

具有高品质印象的品牌具有一定的光环效应,它在品牌延伸上具有更大的潜力,因为,消费者将原有的品质印象转嫁到新的产品线上。消费者在这棵品牌树上,曾经摘下过甜果子,所以他(她)就有理由相信另一颗果子也是甜的。这无论对于老产品(线)而言,还是新产品(线)而言,都有很大的帮助。

2.2.2 建立品质认知度的策略

品质的认知在品牌资产中可算作一种长期的资产,也是品牌产权中重要的部分,对它的建立和维护也就需要较高的能力、花费较长的时间及较大的成本。总体来说,提高品质认知度的策略有以下几个方面。

1.保证高品质

建立品牌品质认知度,首先是要提高产品品质和服务能力。获得高品质的一些通常做法如下。

(1)承诺高品质。

对品质的追求是永无止境的。企业要把提高品质放在首要位置上,实施企业质量管理战略系统,为实现每个零部件和每道工序100%合格,要动员全体员工付诸实际行动。强势品牌无不是以其过硬的质量称雄国际市场。"奔驰600型"轿车的广告是"如果有人发现发生故障、中途抛锚的奔驰车,我们将赠10万美金"。海尔集团的成功,关键一点是它一直坚持其产品高品质的形象。张瑞敏到任,首先当众砸烂76台不合格冰箱,唤起了全体员工质量控制意识和高品质意识。

(2)重视顾客参与。

品质认知的决定权在于顾客。从营销角度讲,只有顾客认为企业的产品拥有高品质,该企业的产品才真正拥有高品质。不同类型顾客对品质的关注存在差异,即使购买相同品牌产品的理由也是不一样的,且每个理由的重要性还存在千差万别。因此,要不断地注意、观察和搜集消费者及经销商的反馈信息,总结影响顾客偏好的各种因素,做好针对性营销。

(3)追求品质文化。

由于品质的获得是系统性、全局性、细节性的,因此,只有创造出一种对品质追求的组织文化、行为准则、思想意识,才能使行动根深蒂固,才能保证品质过硬,才能将人为误差降到最低点。

营销视点 2-1

六西格玛的品牌认知

六西格玛(6Ω)是企业开展全面质量管理过程中实现最佳绩效的一种质量观念和方法,也是企业在新经济条件下获取竞争力和持续发展能力的一种有效的经营战略。六西格玛的含义是指通过设计、监督每一道生产工序和业务流程,以最少的投入和损耗赢得最大的顾客满意度,从而增加企业的利润。六西格玛意味着每百万次动作中仅有3.4个错误或故障,即合格率达到99.99966%。六西格玛与传统的质量改进方法最明显的区别在于认知方面,它是一种经营过程全面改进的方法,尽管它测量的是单位产品的缺陷和每百万次动作所存在的缺陷,但它强调在提高顾客满意度的同时降低经营成本和缩短循环周期,通过提高核心过程的运行质量,进而提升企业整体赢利能力。作为一种高度有效的业务流程设计、改进和优化技术,六西格玛已成为企业追求卓越的重要战略举措。国际上许多著名的大公司,如摩托罗拉、通用电气等,通过引进、推广六西格玛取得了极大成功。

(4)确定具体标准。

没有具体标准就没有评价的依据和参照物,因此企业须确定具体标准。海尔集团"日事、日毕、日清、日高",就是企业每天所有的事都有人管,做到控制不漏项;所有的人均有管理、控制内容,并依据工作标准对各自的控制事项,按规定的计划执行,做到每个环节、每个零部件都有依据,都有标准,都有目标。如果品质目标过于笼统,很容易劳而无功、不易控制、浪费资源、降低效益。

(5)发挥员工积极性。

俗语说,"人心齐,泰山移"。如果一个企业内部所有工作人员目标明确,且积极性高涨,那么这个企业所遇到的一切问题都可以解决。日本人已经证明团队工作不仅能非常有效地改进品质,同时也善于发现问题、解决问题,而且更擅长创新和突破。

2.设计认知信号

仅有客观的、真实的品质是不够的,必须把它转化为消费者认知上的品质。在很多情况下,人们对品质的判断并不具备客观的标准、可靠的途径。他们往往借助于产品或服务本身传达出的象征信号来判断。因此,产品的设计、包装,服务的环境、水准,广告的水准、数量,品牌的名称、标志等都具有重要的作用和意义。为了使"品质"可见,商家对产品进行刻意的创意设计,尤其在品牌包装设计上表现较为明显。

3.利用价格暗示

价格是一种重要的品质暗示。一般人感觉,高价格意味着高品质。当一个人没有能力或热情去评估一种产品的品质时,他对价格暗示的依赖性就会增大。这种暗示作用也因产品类别不同而有所差异,难以评估的产品类别更可能将价格作为品质暗示。例如,在首饰、酒、药品、化妆品、电子产品上,价格暗示的作用更大。

4.使用广告工具

使用广告工具来传达品质信息是最常见的策略。利用广告来传达品质信息,不能一味空洞地吹捧自己,而应有"事出有因",解释并展示产品的原理、生产过程、服务水平等方面。广告应有震撼的创意,精美的制作,巧妙、科学的传播,有效、系统的反馈。

5.提供有效保证与寻求支持

一份具有实际意义的、有效的说明书能够给产品或服务品质提供可信的支持和有效的保证。它应该是无条件的、易懂的、易执行的、有实际意义的、简洁具体的、精美可信的。但目前我国许多说明书,甚至强势品牌产品,都做得不尽如人意,晦涩难懂;也有些企业认为,说明书如果做得不深奥,就不专业,就显示不出水平。

6.完善的服务系统

良好的服务能给人一种高品质的感觉和信得过的感受,能解除消费者的后顾之忧。海尔集团在提供优质服务方面堪称典范。许多人评价海尔集团真正做到了"真诚到永远"的服务承诺。良好的服务系统还能产生更高的溢价和强劲的营销组合力。在产品趋于同质化的今天,服务的地位和作用更加突出。现代商战的赢者往往是拥有较好的网络渠道和优质服务的公司。

2.3　创建品牌联想

当看到耐克这个品牌名称时,人们可能会联想到运动鞋、耐克的品牌标识、NBA 巨星乔丹等;提到麦当劳品牌时,人们可能会联想到 M 形标志、麦当劳大叔、儿童餐、汉堡包、美国文化等;看到海尔品牌时,人们可能会想到海尔兄弟、青岛、高质量、中国造、国际化等。这是每个人都能亲身体会到的品牌联想。

2.3.1　品牌联想的内涵

有关品牌联想的概念,在本书第1章中已有清晰的界定。由一种事物想起另外一种事物,或者由想起的一种事物的经验又想起另外一种事物的经验,这就是联想。联想是一种重要的心理现象和心理活动,而品牌联想是指透过品牌而产生的所有联想,是所有联系顾客与品牌的东西,包括产品的外观、功能利益、企业形象、产品归属、品牌个性和符号、顾客的想象,等等。品牌联想是在品牌认知的基础上产生的一种消费者行为。它是品牌特征在消费者心目中的具体体现。这些联想往往能组合出一些意义,形成品牌形象,而健康的品牌形象对销售的促进作用是显而易见的,其个性、亲和力、良好的评价与感知对品牌资产管理者来说是梦寐以求的。但有时品牌联想是负面的,因此,应该加强和推进正面品牌联想的建设,克服和消除品牌的负面及不利联想。

品牌联想还应当是独特的,即品牌联想不被竞争者共享,这些独特的联想往往是与产品有关或无关的特性、功能、经验或形象利益。确立独特的联想主要通过品牌定位来实现,品牌定位通过宣传其"独特的销售主张"或者竞争优势来突出表达产品的独到之处,从而给予消费者强烈的购买理由。所以,企业要为自己的品牌明确定位,并赋予产品鲜明的个性和特色。

根据消费者脑海中的品牌联想所造成的品牌感觉,品牌联想的内容可分为三类,即品牌特性、品牌利益和品牌态度。品牌特性是形成品牌产品特色的各种特征,其中有些产品特征与产品有关,是实现产品功能所必需的元素,它决定着产品的特性和水平;而另一些特性与产品无关,它们只影响消费者购买,但不影响产品使用。品牌利益是指消费者从产品和服务中得到的价值,即消费者认为产品能为他做些什么或品牌代表什么。最抽象和最高水平的联想是品牌态度,它是消费者对品牌的总体评价,它通常取决于消费者对品牌特性和品牌利益的认识,亦取决于品牌特性和利益的强度以及受欢迎的程度。品牌态度也十分重要,它是消费者品牌行为的基础。

2.3.2　品牌联想的类别

联想的种类有很多,根据不同的分类方法有不同的联想方式。通常按照品牌联想是否是企业刻意经营的方式进行分类,可以分为自然联想和创新联想。

1. 自然联想

正如品牌的其他领域一样,不管企业是否刻意经营,品牌联想总是存在的。不经过企业的刻意培养,自然而然成长起来的品牌联想称为自然联想。如果是具有建设性的正面联想,自然联想对品牌维护过程具有很高的价值,不过对于负面联想,企业的产品和服务就应该立即阻止这种自然联想。任何品牌牛奶的联想都会让人想起奶牛,这就是自然联想的一个例子。

2. 创新联想

创新联想就是经过品牌小组选择,用来代表品牌的联想。通常企业要花很大一部分精力从最初的品牌经营过程中解脱出来,从而创造出新的品牌联想,其原因是自然联想不一定新颖独特或足以吸引消费者兴趣。不要把一个站不住脚或者昙花一现的特征作为品牌联想的核心,而是要寻找一种代表消费者基本利益的品牌联想。比如安全、专业控制等都是很好的创新联想。沃尔沃汽车的创新联想就是安全,他们也确实是朝着这个方向在不懈努力,并且在消费者心目中也获得了这样一种能代表企业形象的联想。但沃尔沃在安全方面获得的盛誉绝不是偶然的,而是该公司几十年来不断奋斗的结果。沃尔沃始终将安全作为品牌的核心理念,并全方位地经营这个核心价值,倾注了大量心血。每一年,沃尔沃都要投入大量的费用进行安全方面的产品研究和开发,并不断地对已有成就进行批判。这种永不自满的精神使沃尔沃在汽车安全产品的研制方面,一直走在世界前列,为汽车工业奉献了许许多多的创新发明,如20世纪40年代的安全车厢,20世纪60年代的三点式安全带,20世纪90年代的防侧撞保护系统等。沃尔沃还专门设立了自己的交通事故研究部。这不是从商业赢利的角度考虑,而是一种对社会、对顾客负责的态度。在制造每辆沃尔沃汽车的过程中,公司越是负责,用户在驾车时就越能体会到驾驶的安全与愉悦。沃尔沃的这种做法,赢得了世人的广泛赞誉,同时也赢得了顾客的信任,因此,其核心品牌联想内涵"安全第一"能深入人心也就不足为奇了。

品牌也可以通过与其他事物的联系建立起某种联想,即某些联想可以从其他事物转化或借鉴到该品牌上。(有关这个问题在第1章"品牌联想的来源"中已有阐述。)

2.3.3　品牌联想如何创造价值

品牌联想是一座具有丰富资源的"金矿"。对品牌联想的投入是一种投资行为,应谨慎行事,应搞好品牌联想规划和发展。积极、正面的品牌联想意味着品牌的被接受、认可、喜爱、有前途、有地位、有竞争力等。

品牌名称的潜在价值往往在于品牌的各种联想,即品牌对人们的意义。品牌联想是作出购物决定和维持品牌忠诚度的基础,一个品牌可能存在很多种联想,品牌联想可通过很多方式为企业和顾客创造价值,包括帮助顾客处理或检索信息、让品牌实现差异化、制造购买理由、创造积极的态度或情感、提供品牌扩展的依据。

1.有助于顾客处理和提取信息

品牌联想首先可以起到总结事实和产品参数的作用,在一般情况下,顾客很难获取并处理这些信息,企业若要向顾客传达这些信息也要付出昂贵的代价,而品牌联想则为顾客提供了密集的信息,方便了顾客对信息的处理。例如,美国零售业巨头诺德斯特龙公司在服务方面优于竞争对手的强势地位就是基于对在诺德斯特龙公司发生的数以百计的事实和事件的总结。

第二,品牌联想可以影响人们对事实的看法。施乐复印机在推广时采用了本笃会修士的视觉影响,这种情景可以确保顾客的看法符合企业的预期。因此,可以看出高科技定位会影响顾客对一系列规格参数的看法。

第三,品牌联想可以影响顾客对信息的回想,特别是在购买产品时。例如,旅行者公司的红伞或富国银行的驿站马车等标志都可以触发人们对该产品或使用经历的回想。没有品牌标志的刺激,顾客的记忆是不可能被突然唤起的。

2.实现品牌的差别化

品牌联想是品牌实现差异化的重要前提。在红酒、香水、服装等产品门类中,大多数消费者无法准确区分各种各样的品牌。然而,品牌联想在区分不同品牌中起到了至关重要的作用。例如,雪儿的个性特征使雪儿香水系列有了与众不同的特点。正是因为雪儿的品牌个性是独一无二的,香水才会采用雪儿这个名称。

差异化的联想可以说是一种关键的竞争优势。假如一个品牌在产品的核心特性上或在产品的具体用途上优于竞争对手的定位,那么竞争对手是很难对其进行攻击的。假如竞争对手发动了正面攻击,直接宣称其产品在这一方面具有优势地位,那么这个竞争对手一定会出现信誉问题。例如,一家百货店在竞争中宣称其服务水平已经达到了甚至超越了诺德斯特龙公司是很难让人相信的。又如,面对佳得乐从各种实际情况考虑,其竞争对手都应抛开运动型饮料,到其他领域去寻找竞争机遇。由此可见,品牌联想是竞争对手无法跨越的障碍。

3.生成购买的原因

很多品牌联想是关于产品特征或顾客利益的,这为顾客选择品牌和使用品牌提供了具体的理由。例如,在牙膏方面,佳洁士是一款防蛀牙的牙膏,高露洁让牙齿干净洁白,皓清可以保持口气清新。辛劳一天后应该享受米勒时光,这是顾客购买米勒啤酒的理由。布鲁明戴尔百货是趣味的代名词,卖的都是最时尚的产品。梅赛德斯—奔驰则是提升用户定位的象征。

有的品牌联想还可以增加品牌的可信度和顾客的信心,进而影响购买决定。如果温布尔登网球比赛冠军使用了某款网球拍,如果专业美发师使用了某款染发产品,那么消费者就会对这些品牌产生好感。如果一家 pizza 店拥有一个意大利的名字再加上意大利的联想,就可以增加其信誉度。

4. 产生积极的态度和感知

有些联想是讨人喜欢的,可以促使人们把积极的情感转移到品牌上。像比尔·科斯比这样的名人,像快乐巨人这样的标志,像"伸出双臂拥抱对方"这样的口号,如果有适当的场景衬托,都是讨人喜欢的,也都可以激发起积极的感情,这些联想及其伴随而至的感情又会与品牌密切相连。查理·布朗是美国著名漫画家查尔斯·舒尔茨创作的卡通人物,深受读者喜爱。大都会人寿保险公司把这些卡通人物请来当代言人,让人们由大都会人寿保险公司联想到读者喜爱的卡通人物,触发温暖和积极的情怀,从而减弱了保险公司的空荡感、冷漠感和严肃感。

惹人喜爱的标志还可以降低受众的抵触心理,避免受众拒绝广告的内在逻辑。在 20 世纪 70 年代的石油危机中,雪佛龙公司采用了可爱的卡通龙和欢快有趣的音乐讲述自己的故事。通过这种手段,雪佛龙最终成功消除了人们对石油公司的怨恨。因为面对时髦可爱的公司标志及其寓意,人们很难发得起火来。

有些联想可以为顾客使用产品带来积极的感觉,也可让顾客的使用经历变得有所不同。比如以广告宣传为例,它可以让喝百事可乐的经历看起来更加有趣,也可以让开福特烈马车的经历看起来更加刺激。

5. 为品牌延伸提供基础

品牌联想可以扩展企业经营范围的前提条件是扩展行业与原来行业有相同之处,但最主要的还是企业的品牌联想要有相同之处;否则,经营范围的扩展不但不能给企业带来利润,反而会使企业陷入困境。例如,海尔集团核心产品是海尔电冰箱,它具有国际一流的制冷设备、技术、人才、经验等,这种联想便于它从电冰箱生产延伸到空调器生产上。

2.3.4　创建品牌联想的策略

创建品牌联想可以促使消费者作出购买决定,为企业带来利润,因此对于企业来说十分重要。创建品牌联想可以通过以下途径进行。

1. 讲述品牌故事

品牌故事是品牌在发展过程中将那些优秀的东西总结、提炼出来的,它已形成了一种清晰、容易记忆又令人浮想联翩的传导思想。其实,品牌故事是一种比广告还要高明的传播形式,它是品牌与消费者之间建立成功的感情传递的桥梁。消费者购买的不是冷冰冰的产品,他们更希望得到产品以外的情感体验和相关联想,而且这种联想还有助于诱发消费者对品牌的好奇心和认同感。

哈佛堪称世界教育第一品牌,有关哈佛的故事很多,最著名的有两个:一个是关于哈佛创始人(一说是捐献人)的,一个是关于哈佛的"傲慢与偏见"(据说,这个故事的始作俑者是以"西海岸的哈佛"自居的斯坦福大学)。尽管这两个故事并不一定是真的历史,但真真假假,却像磁石一样年复一年地吸引着新生和来自全世界的旅游观光者,更为这座古老的大学增添了几分神秘的色彩。

世界未来学者之一,哥本哈根未来研究学院主任罗尔夫·詹森在 1999 年就预测,在 21 世纪,一个企业应该具有的最重要的技能就是创造和叙述故事的能力。正如詹森所提出的,这是所有企业都面临的挑战——不管是生产消费品、生活必需品和奢侈品的公司,还是提供服务的公司,都必须在自己的产品背后创造故事。

其实,很多品牌背后都有一个精彩的故事。甚至可以说,一个成功的品牌就是由无数个感人至深的故事所构成的,可以说没有故事就没有品牌。但遗憾的是,我国本土企业尚未真正领悟编故事、讲故事和传播故事的真谛,因而也未能成功地在每一个品牌接触点或品牌时刻,始终如一地将品牌故事传递给消费者。

2. 借助品牌代言人

品牌代言人,是指品牌在一定时期内,以契约的形式指定一个或几个能够代表品牌形象并展示、宣传品牌形象的人或物。

米开朗基罗说过,艺术真正的对象是人体。那么,在现代社会,品牌最好的载体就是人,特别是耀眼的名人,他们浑身都是"星闻"。所以名人代言不仅音调高,而且反响大,况且消费者有崇拜名人的心理。因此,巧用名人、明星代言品牌能讲述很多故事,使品牌传播达到事半功倍的效果。

对我国企业而言,聘请名人代言品牌的现象不仅司空见惯,而且有可能形成泛滥之势,但在借助有影响力的用户代表来建立品牌联想方面却显得有些不足。事实上,很多传播机会就来自那些有影响力的用户,以用户为资源进行传播,同样可以建立有价值的品牌联想。

营销视点 2-2

索尼与茅台的无价广告

1970 年,正当威尔亲王出席东京国际展览会之际,索尼公司在英国大使馆威尔亲王的下榻处安装了索尼电视。这样,索尼便与威尔亲王建立了某种关系。后来,亲王在一次招待酒会的致词中特意向索尼表示了感谢,并邀请索尼公司去英联邦国家投资建厂。从那以后,在威尔士商务发展委员会的许多文件里可以看到,威尔士与索尼的合作一直很愉快。

2006 年 4 月,中共中央总书记胡锦涛在北京钓鱼台接见了台湾国民党名誉主席连战,并以国酒茅台互敬。相信许多人还记得,那几天在世界各大媒体上刊播的那一精彩的瞬间,是茅台企业花多少钱也买不到的新闻传播。

3. 建立品牌感动

但凡优秀品牌的传播无不充满了人类美好的情感,并给消费者带来了丰富的情感回报。比如,钻石彰显永恒之爱,一句"钻石恒久远,一颗永留传"的广告语,便将一段刻骨铭心的爱情与一颗光彩夺目的钻石联系了起来,并在消费者心目中建立了一种发自内心的品牌感动。

希望在客户和最终使用者心中树立"塑环保,亲近自然"形象的著名石油公司雪佛龙,曾拍摄了一则旨在让消费者感动的形象广告。广告片的诉求表现十分真实:当太阳升起的时候,奇异好斗的松鸡跳起了独特的求偶之舞。这是一个生命过程的开始,但一旦有异类侵入它们的孵育领地,这一过程就会遭到破坏。这就是铺设输油管道的人们突然停止建设的原因,他们要一直等到小松鸡孵出来之后,才回到管道旁,继续工作……企业为了几只小松鸡,真的能够搁置其商业计划吗?雪佛龙这样做了!

2.4 创建品牌忠诚

企业有了品牌并不等于可以永远占领市场。在同行业同类商品竞争日趋激烈的这个泛品牌时代,一些品牌消失,而另一些品牌崛起的现象屡见不鲜。一个品牌创建后并不能一劳永逸,同行业产品品牌的竞争日趋激烈,对品牌进行维护,不断提升它的竞争力,从而形成顾客对品牌的忠诚是一项长期任务。拥有大批品牌的忠诚用户是企业财富源源不断的有力保证。

2.4.1 品牌忠诚的内涵

在第 1 章中指出,品牌忠诚度是指消费者在与品牌的接触过程中,由于该品牌所标示的产品或服务的价格、质量因素,甚至是由于消费者独特的心理和情感方面的诉求所产生的一种依恋而又稳定的感情,并由此形成的偏爱而长期重复购买该品牌产品的行为。品牌忠诚度是消费者对某品牌产生的感情的度量,它反映了一个消费者的偏好由一个品牌转向另一个品牌的可能程度。它是一种行为过程,也是一种心理(决策和评估)过程。品牌忠诚度的形成不完全是依靠产品的品质、知名度、品牌联想及传播,它与消费者本身的特性密切相关,它的形成有赖于消费者的产品使用经历。提高品牌忠诚度,对一个企业的生存和发展,扩大其市场份额都具有极其重要的作用。

品牌忠诚度是品牌价值的核心。品牌忠诚营销理论认为,通常人们把品牌看做是资产,但实际上真正的资产是品牌忠诚,品牌忠诚是消费者对品牌情感的量度。如果没有消费者的品牌忠诚,品牌不过是一个几乎没有价值的商标或用于识别的符号。从品牌忠诚营销的观点看,销售并不是营销的最终目标,它只是与消费者建立持久有益的品牌关系的开始,也是建立品牌忠诚,把品牌购买者转化为品牌忠诚者的机会。

中国现阶段品牌的经营刚刚开始,处于品牌知名度的建立阶段,其中不乏很多具有高知名度的品牌,但这些品牌在拥有高知名度的同时,却往往忽略了品牌其他资产的经营,而如果没有其他资产的支撑,空有知名度的品牌在市场竞争中就不会长久。拥有品牌忠诚度是每个企业的奋斗目标。消费者究竟是怎样看待品牌的?有的消费者洗发水要用宝洁的、化妆品要用羽西的、洗衣粉要用联合利华的;有的消费者买电脑要看是不是 Intel 的芯片;有的消费者买运动装要看是不是耐克、阿迪达斯……大家关注的焦点不同,有的是关注母品牌,如宝洁;有的是寻求联合品牌,如 Intel-inside;有的追求高档,如奔驰、宝马。不管是学术界还是企业界,都能接受这样一个观点,即消费者决定了忠诚。离开了消费者,任何品牌忠诚都无从谈起。研究忠诚度行为肯定要从消费者的角度出发,但首先要明确品牌忠诚度与顾客忠诚度是不一样的。对两者进行区分的目的有助于明确品牌忠诚中的品牌塑造对消费者的影响。在讨论忠诚行为的时候不能只强调顾客一方的重要性,认为只要满足了顾客需要就是忠诚,实际上有效的品牌形象的塑造对消费者的忠诚行为有重要影响。所以,在这里强调两者的互动,同时也有利于分清楚真正的忠诚与伪忠诚的区别。在营销过程中,一般以百分比或时间来测量忠诚,实际上这种方式测量到的只是顾客忠诚(包括了价格忠诚),而不是品牌忠诚。虽然顾客忠诚和品牌忠诚两者都体现了消费者的偏好,并且都是一种重复性的购买行为,但两者仍存在着区别。

品牌忠诚与顾客忠诚的联系与区别如下:第一,认识的角度不同,顾客忠诚是从顾客的角度出发,主要着眼于对顾客消费行为的认识;而品牌忠诚是以消费者为基础的,从品牌的角度出发,主要着眼于消费者对品牌的态度和心目中某个品牌的形象及其对消费行为的影响。第二,顾客忠诚可以忠诚于多个品牌而品牌忠诚只能针对一个品牌而言。比如某个消费者是宝洁的忠诚用户,就不一定是其下属品牌潘婷的忠诚用户。宝洁公司实施的是多品牌战略,同类的商品有不同的品牌。第三,顾客忠诚包括了品牌忠诚。相对于品牌忠诚而言,顾客忠诚的范围更加广泛。

获得对品牌忠诚的消费者是每个企业的奋斗目标,但这类消费者相对较少,品牌的购买者大部分并非品牌的忠诚用户。因此,企业应做好针对性的营销和品牌推广,争取赢得更多的品牌忠诚用户。

品牌忠诚度可分为五个层级,即无品牌忠诚度、靠习惯维持的品牌忠诚度、基于满意的品牌忠诚度、以感情为纽带的品牌忠诚度、完全的品牌忠诚度。(详细内容请参阅第1章)

2.4.2 品牌忠诚的作用

消费者的品牌忠诚是一种战略资产,如果对它进行适当的管理和利用,它就会在如下几个方面发挥重大作用。

1.有利于企业降低营销成本,赢得丰厚利润

有远见的企业重视顾客的忠诚,并把忠诚顾客看做是自己巨大的资源。成功品牌的利润,有80%来自于20%的忠诚顾客,而其他80%的顾客,只带来20%的利润。忠诚度不仅可以带来巨额利润,而且可以降低成本。因为拥有一批对品牌忠诚的消费者,特别是当他们对品牌的态度已经稳定后,即使企业降低品牌宣传的投入,顾客也能保持对特定品牌的印象和感受,不会轻易舍弃已使用习惯的品牌。并且,保持现在消费者比获得新消费者所花费的代价要低得多。由于潜在的新消费者通常缺乏改变他们目前所使用品牌的动力,因此,要使其转换所使用的品牌需付出昂贵的代价,这也是由于他们没有付出努力寻找品牌替代品,即使面对替代品时,他们也需要一种重要的原因来冒险购买和使用另一品牌。然而,企业所犯的一个常见的错误就是试图吸引新消费者,却忽视了现在消费者。

2.有利于带动、吸引新的消费者

对某个品牌具有品牌忠诚度的顾客往往会自发地向周围的亲朋好友推荐这个品牌的产品和服务,从而起到活广告的作用。在信息膨胀的现代社会,消费者对亲眼所见和自己信任的人传达的信息的信任度远远胜过一般的广告宣传。因此,高忠诚度的品牌有利于吸引更多的、新的消费者;另外,具有高忠诚度的品牌本身就要树立一种品牌形象,这是对品牌的最有利的宣传。

3.提高销售渠道拓展力

对品牌的高度忠诚会保证这些品牌有优先的货架空间,如海尔、索尼、TCL、格兰仕或宝洁公司的飘柔、海飞丝,因为商店知道消费者会把这样的品牌列在他们的购物清单上。有时,品牌忠诚可能会控制商店的选择决策。例如,一个超级市场,除非它有像金龙鱼食用油、青岛啤酒这样的品牌,否则,一些消费者将去其他商店购买。因此,拥有高忠诚度品牌的企业在与销售渠道成员谈判时处于相对主动的地位,有利于其销售渠道的拓展。

4.能缓解竞争品牌带来的冲击

企业拥有了顾客的品牌忠诚,品牌就有了一道较为坚固的屏障,以抵御或者缓解来自其他品牌的冲击和影响。如果竞争者要开发更高级的产品,那么消费者的忠诚就会给企业提供必要的时间来改进产品,使之胜过竞争者的产品。

5.有利于品牌的延伸和扩张

品牌忠诚是品牌延伸的一个关键要素。品牌忠诚的消费者容易产生"爱屋及乌"的心理,喜欢甚至也忠诚于延伸品牌,延伸策略也更容易取得成功。因此,企业在进行品牌延伸决策时,可以充分借助品牌忠诚的现状,尽可能恰当地进行品牌延伸。

2.4.3　提高品牌忠诚的策略

成功品牌的建设,均是通过增加顾客价值从而使顾客达到完全满意,进而创造和提高顾客的品牌忠诚度的。真正的品牌忠诚度其基础在于品牌能够提供持续的令顾客满意的价值效用。因此,应该通过增加顾客价值的途径来提高品牌忠诚度,诸如提供高质量的产品与服务、制定合理的价格、建立良好的品牌和企业形象、提高员工素质等方面来完成。

1. 提高并保持产品或服务的质量

产品或服务质量是消费者获得核心利益的基本保证。因此,优质的产品或服务质量是建立消费者品牌忠诚的前提条件。企业产品质量优良,并高于竞争对手,又能够被消费者感知,是吸引和培养自身品牌的忠诚消费群体的有效办法。顾客选择某品牌产品,往往是因为他们相信品牌代表着质量承诺,同时,这种品牌承诺也迎合了消费者规避购买时所面临的直觉风险心理。从这个意义上讲,品牌就是在为产品性能和消费者复兴背书。很多品牌影响力强的企业,品牌就等于产品品质,让消费者既放心,又对其产生依赖心理,因此消费者愿意为品牌付钱。但是,如果品牌产生品质、服务不能保证"始终如一",消费者会及时地感知出来,就会产生对品牌的质疑,进而选择转向其他品牌。

2. 制定合理的产品价格,保持一定的稳定性

一看质量、二看价格是消费者的普遍做法,因此,合理制定产品价格是保持并提高品牌忠诚度的重要手段。首先,要坚持以获得合理利润为定价目标,坚决摒弃追求"暴利"的短期行为。定价在合理的范围之内才能为消费者接受,如果漫天要价,即使是名牌产品也会无人问津。其次,定价应尽可能地符合消费者的预期价格。预期价格是消费者根据以往经验在心中所形成的对某个产品的估价。如果定价高过消费者的预期价格,消费者就会认为价格过高,名不符实,这样就损害了品牌在消费者心目中的形象。最后,还要保持价格的相对稳定。从世界知名的品牌经营过程看,企业非常注重和恪守其对消费者的承诺,既不为了获取高额利润而提价,也不为了促销而降价;既不被眼前利益所左右,更不会以牺牲品牌承诺为代价。因此只有企业制定了合理的价格并保持其稳定性,才能获得稳定的消费者,并提高消费者对品牌的忠诚度。

3. 建立完善的服务体系,提供优质的服务

在产品同质化越来越明显的今天,服务日渐成为企业营造品牌忠诚、获取竞争优势的关键。1999年,美国波士顿咨询集团在调查中发现,顾客从一个品牌转向另一个品牌的原因,十人中有七人是因为服务问题,而不是质量或价格的缘故。既然消费者真正购买的不仅仅是产品实体本身,而更多的是产品所提供的利益,那么,消费者就希望在购买产品的时候能获得尽可能多的利益,当然优质服务也是满足消费者获得这种利益的要求。同时,对某些产品来说,咨询、操作培训、安装和调试、维修等附加服务项目也是顾客顺利消费的必要条件。围绕着有形产品提供的各类服务正是为了满足这些要求,现在的消费者越来越重视购买产品的同时,提供相应的优质服务,而提供优质服务的关键在于管理者转变经营思想,变经营的产品导向为消费者利益导向。

在构建和提高品牌忠诚度中所实施的具体服务策略如下:

(1)提供一体化服务。

一体化服务也称全程服务,包括售前服务、售中服务和售后服务。售前服务包括根据顾客需求开发设计产品、提供技术咨询服务、介绍新产品的功能和特点、解答消费者的疑问、对消费者进行教育与培训等;售中服务包括给予优惠的付款方式、提供产品担保、为消费者进行参谋等;售后服务包括免费送货,安装调试,保质、保量、保时维修等。

（2）提供精细服务。

提供精细服务是指企业在服务中，从小处着眼、从细微之处着手，尽可能为顾客提供周到、体贴入微的服务。服务无小节，顾客的事再小也是大事，小处最能体现企业服务的精神和功底。这就是精细服务的出发点和指导思想。只有从小事着眼，为顾客创造舒适而温馨的服务感受，才能使品牌经久不衰。

（3）实施超值服务。

按照现代服务营销理念，顾客对服务质量的评价取决于服务感受质量与服务预期质量的比较。如果感受质量超过预期质量，那么顾客会觉得物有所值，其忠诚度就会大大提高，同时，顾客对企业和品牌的印象也会更加深刻。所谓超值服务就是尽一切可能让顾客亲身感到服务比想象的好，为顾客带来惊喜。

（4）设立有效补救服务。

即便是最优秀的企业也难免出现服务上的失误，因而，及时采取补救失误的服务措施，消除对顾客的不良影响，是重新获得顾客对品牌忠诚的有力武器。据美国学者的研究结论，如果投诉得不到企业的重视，60％以上的顾客会"投诚"其他企业；如果投诉最终得到了解决，70％的顾客会继续光顾该企业；如果投诉得到了妥善、及时的解决，继续光顾的顾客比重就会上升到95％。一项有效的服务补救策略应包括这样几个方面：鼓励顾客向企业投诉；设立专门机构、配备专职人员接受和处理顾客投诉；培训一线员工做好顾客投诉工作，培育乐于接受顾客投诉、善于从补救失误中学习的企业文化。

4. 塑造稳定的品牌个性，创建良好的企业品牌形象

任何一个品牌都有两方面的特征，即理性功能和感性功能。它不仅说明该品牌能干什么（理性功能），还说明它意味着什么（感性功能）。消费者在挑选产品时，除了考虑该产品的理性功能外，更与感性功能联系在一起，即该产品在消费者心中被唤起的想法、情感、感觉等感性要求。因此，消费者对品牌的忠诚不仅是出于对品牌使用价值的需要，而且更带有强烈的情感色彩。日本最大的企业形象设计所兰得社曾评说，松下电器和日立电器在质量和价格方面并没有多大区别，可更多的消费者却购买松下电器，就是因为松下电器的良好品牌形象而使得他们钟爱于这个品牌。与价格、质量等硬件不同，品牌形象是提高品牌忠诚度的软件，它要求企业做长期的、全方位的努力。任何一个有损于企业形象的失误，哪怕是微小的失误，都有可能严重地削弱消费者的忠诚度，甚至导致忠诚度的转移。正是由此，每一个品牌都有自己的品牌定位，即建立一个与目标市场相关的品牌的功能，同时又同消费者心理上的需求联系在一起。与众不同的品牌形象会使消费者易于接受，同时也非常适应现代社会追求个性的特色。

5. 提高人员素质

企业人员素质的高低是影响企业创造顾客价值，进而影响到品牌忠诚的重要因素，主要表现在两个方面：一方面，无论是优质产品还是优质的服务，都是企业的人员创造的；另一方面，员工在与顾客交往时的表现，即在与顾客交流时的言谈举止，也是创造顾客利益的独立要素。按照菲利普·科特勒的"顾客让渡价值理论"，顾客利益不仅包括物质性利益，而且还包括情感性利益。情感性利益的一部分可以通过有形产品来满足，但是很多情感性利益是在顾客与企业的交往和交易中由企业人员的行为和态度来满足的。所以，如果企业人员在与顾客交往中能使他们身心愉悦，这实际上就是增加了顾客的情感性利益，就会激发顾客的购买动机，甚至获得顾客的品牌忠诚。

6.利用整合营销传播（IMC）创造完善的营销信息通路

沟通是信息提供者或发送者发出作为刺激的信息，并把信息传递到一个或多个受众，以影响其态度和行为的活动。在市场经济的条件下，企业最为关注的是企业与其目标顾客之间进行的说服性沟通。通过沟通把产品及相关信息传递给目标顾客的同时，试图在特定目标顾客中唤起沟通的意念，从而对目标顾客的行为和态度产生有效的影响。可见，品牌忠诚的形成也是信息沟通的结果，作为企业与顾客进行有效沟通的整合营销传播会深刻地影响到品牌忠诚的形成。

本章小结

本章主要学习和掌握创建品牌资产的相关知识，以戴维·阿克提出的品牌资产的五个维度为基础，本章重点阐述了如何创建品牌知名度、品牌品质认知、品牌联想、品牌忠诚度等问题。

品牌知名度是指人们对某一产品品牌的认识或回忆。创造品牌知名度的策略有制造"第一"，侧翼定位以另辟蹊径，利用名人效应树立品牌知名度，制作独特并易于记忆的广告，运用悬念广告，利用非传统方式进行宣传，等等。

品牌品质认知一般是指对产品质量的认知，正是由于高知名度品牌的产品质量好，信誉高，才能增强消费者的消费信心，形成消费者的品质偏好和品牌忠诚度。创建品质认知的策略要保证高品质，如提高产品品质和服务品质、设计易于识别的认知信号、利用价格暗示产品的高品质、运用广告工具传达品牌认知、提供有效保证与寻求支持、提供完善的服务系统等方面。

品牌联想是指所有联系消费者和品牌的东西，包括产品的外观、功能利益、企业形象、产品归属、品牌个性和符号、消费者的想象等。品牌联想可以反映品牌的形象。创建品牌联想的策略主要包括：通过讲述品牌故事创建联想、借助品牌代言人建立联想、以建立品牌感动来创建联想。

品牌忠诚度是指消费者对品牌的满意度和坚持使用该品牌的程度。它是衡量品牌价值的最有力的标志。提高品牌忠诚度的策略包括：提高并保持产品或服务的质量；制定合理的产品价格，并保持一定的稳定性；建立完善的服务体系，提供优质的服务；塑造稳定的品牌个性，并创建良好的企业品牌形象；提高人员素质以促进品牌忠诚；最后是利用整合营销传播（IMC）创建完善的营销信息通路来提高品牌忠诚。

案例分析

长城润滑油的品牌忠诚度建设

长城润滑油把品牌忠诚度的打造分别融入三个阶段——产品生产阶段、销售过程阶段、售后服务阶段。

1.产品生产阶段

（1）产品创新。

锻造核心竞争优势的目的就是要在竞争中取胜，让消费者忠诚，而其前提就是生产的产品要让消费者满意。为此目的，长城润滑油在产品生产阶段狠抓科研创新和严把质量关。在科研创新中，科研人员深入市场一线，了解消费者的需求。润滑油消费在不同地区的差异非常明显。长城润滑油充分认识到这一特点，为实现消费者满意的目标，研发人员亲自到市场，和消费者接触，为他们解决问题，把握消费者需求的脉搏，研发和生产出了众多让消费者满意的产品。

（2）品质控制。

长城润滑油发扬军工企业的传统，以严谨的态度对待产品质量，在品质控制方面主要从以下几个方面入手：

①达成共识。

企业从总经理到普通员工形成一个共识，那就是：无论在任何情况下，不能以牺牲质量而获得利润。通过不断深化和强化"任何时候决不牺牲质量"的质量观，使各大生产基地的质量管理工作走向规范化。

②通过认证。

长城润滑油通过了 ISO9000 认证和 QS9000 认证，后者是美国三大汽车公司的联合认证，这些认证不但使其质量体系更加规范，同时也使长城润滑油的全面质量管理系统更加完善，增强了消费者对长城润滑油品牌的信任。

③改进设施。

为了保证品质，长城润滑油在国内第一个建立起国内一流的生产流水线和工艺流程，并建立了全自动的罐装生产线，拥有全亚洲最大的调和系统。

④严格检验。

长城润滑油每种产品上市前必须进行严格的检验，有些产品甚至拿到国外去实验。为了研究油品在行车中的质量，还要进行实车实验。

(3)突破：提升品牌形象和增强品牌优势。

要想在竞争中赢得更多优势，获得更大的市场份额，就需要紧贴市场，多管齐下，加大对高品质、高附加值产品市场的开拓力度，树立更高的品牌形象。为此，长城润滑油启动了"争峰行动"，重点围绕高端市场开展营销工作，通过集中统一管理，以品牌传播为核心，加大高端市场开发，选择重点产品，实现突破。在品牌宣传方面，长城润滑油除了在中央电视台通过强势广告进行大力支持外，公司还制定了统一的招贴、单页等平面广告模版、品牌推广会模版、产品推广会模版、会议布置模版及会议安排流程模版，组织产品推广活动的地面全方位的广告支持。

2.全程协销：与经销商一起发展

在润滑油从工业品逐渐成为消费品的大趋势下，长城润滑油的营销管理模式亟须变革。在现阶段，其最重要的工作就是要协助全国各地经销商共同开展渠道的密集分销和终端网络的开发维护，携手各级经销商共同做强、做大市场。

在这种背景下，长城润滑油首次采用被广泛运用的消费者品的营销模式——全程协销，与经销商协作开展深度分销和终端建设。全程协销计划的出台，经销商是最先的受益者；而对于厂家而言，随着经销商的逐步壮大，以及渠道管理更加顺畅，终端竞争力也就自然而然地获得了提升，从而实现了真正的"双赢"和"全线受益"。深度分销也充分地调动了经销商的积极性。通过划区经营，发挥机制协调作用，为分销商提供了利润空间和发展空间。这一营销模式，充分调动了各类经销商的积极性。

最重要的是这种模式增强了分销商的品牌忠诚度，厂家以合作伙伴的身份鼓励分销商树立品牌营销意识，开展服务营销。由于实行了规范的分销制，有序竞争促使每一个分销商必须加强自身的服务和营销创新，才能扩大销量，赢得效益。

3.春风服务：服务品牌化

以品牌服务维护现有顾客的品牌忠诚度，具体策略如下：

(1)服务理念：全程渗透。

把以客户为中心的理念渗透到每个员工的工作中，把品牌忠诚度建设的理念渗透到整个销售工作中，把让消费者满意的理念渗透到面对客户的每个环节中。

(2)客户服务中心：服务品牌化。

围绕"顾客满意",启动"春风服务"活动,使客户在公司的互动中感受到春风般的体贴和关怀,增添产品的超值感,给予市场开拓有力的支持。具体的做法是:建立日趋丰富的"常见问题存放库",邀请行业权威专家处理,解答高难度问题,保障不同需求的客户都可获得个性化的满意服务。通过免费电话咨询、网站回复、亲临现场等方式与客户进行沟通,为客户科学使用润滑油产品提供帮助,同时为客户提供从售前咨询到售后服务等全套流程的润滑技术全面解决方案,并建立包括北京、上海、茂名、重庆、武汉的五大客户服务中心,既做到全国客户信息的集中管理,也确保了对各地用户服务需求的及时响应,以使用户对长城润滑油产品放心使用。形成由消费者、客户服务中心、科技中心到公司管理层的闭环模式,确保为每一位客户提供真诚的服务。"春风服务"的主要使命是赋予除润滑油产品以外更多的价值,它已超出了单纯的客户服务范畴,已经由服务保障层次转向更高的服务享受层次,真正把服务品牌化。

以上这些举措使中国石化长城润滑油一举超越壳牌、美孚等国际品牌荣登"中国车用润滑油消费者忠诚度"榜首。

案例思考题

1. 长城润滑油赢得顾客对其品牌忠诚的措施有哪些?

2. 你认为,在品牌的忠诚度建设中最重要的是什么?

3. 你认为,在长城润滑油公司品牌忠诚策略中,有哪些方面值得其他企业借鉴?

关键术语

建立品牌资产　　创建品牌知名度　　创建品牌品质认知　　创建品牌联想
提高品牌忠诚

思考题

1. 品牌资产的构成要素有哪些?

2. 提高品牌知名度有哪些策略?

3. 品牌品质认知是什么?它与品牌知名度的区别与联系是什么?

4. 品牌联想的作用有哪些?如何让消费者产生正面的品牌联想?

5. 品牌忠诚的重要性体现在哪些地方?提高品牌忠诚度的策略有哪些?

第3章 品牌资产评估

本章提要

　　品牌是一个企业的灵魂,它是企业所有的有形要素、无形要素和企业行为等在社会公众头脑中的总体反映,所以有人说,企业经营的终极目标是积累品牌资产,形成有价值的品牌,然而,不能衡量就无法管理,也无法有效地激发起企业创建品牌的主动性和积极性,正是基于此,品牌资产评估的价值也就凸现出来了。

　　本章首先介绍了品牌资产评估的现状,着重论述了其在企业经营过程中的重要意义,即品牌资产评估有助于企业对其无形和有形资产进行有效的管理,有助于激励企业塑造强势品牌。本章还列举了已经在学术界研究得很成熟的品牌评估模型和各项指标,这也是本章的难点。从不同的角度出发,品牌资产评估的方法也不同。本章最后一部分将介绍几种品牌资产评估方法。

引导案例

苹果超可口可乐成 2013 年全球最有价值品牌

　　根据《纽约时报》报道,全球品牌顾问公司 Interbrand 发布的最新"2013 全球最佳品牌"报告显示,苹果超越可口可乐成为 2013 年全球最有价值品牌,连谷歌也抢了老二的宝座,可口可乐屈居第三。

　　Interbrand 估计,苹果目前的品牌价值为 983 亿美元,比 2012 年增长 28%。排名第二的谷歌目前品牌价值约为 933 亿美元,凭借着 34% 的增长,排名从去年的第四排到了今年的第二。可口可乐的品牌价值较之去年只有 27% 的增长,至 792 亿美元,这是可口可乐蝉联 13 年冠军以来首次被拉下马。

　　排名前十的有 5 家为科技企业,除苹果、谷歌外,还有排名第 5 的微软、排名第 8 的三星和排名第 9 的英特尔。另一家值得注意的科技公司 Facebook,去年首次上榜排名 69,今年虽未跻身前列,也有了较大的提高,至 52 位。

3.1 品牌资产评估概述

　　20 世纪 80 年代,西方营销界学者们广为传播和关注一个概念——品牌资产,这个概念将古老的品牌思想推向了新的高峰。人们开始把品牌看做是公司最有价值的资产。由于品牌资产是一种无形资产,因此品牌资产评估又成为人们关注的一大焦点,相关的研究也大量展开,一直到现在,每年都有"最有价值品牌"的报告发布,并引起人们的广泛关注。如今,品牌作为一种资产也越来越多地影响着企业的经营行为。在企业的资产评估、兼并、收购及合并过程中,品牌都作为资产的一部分通过货币的形式表现出来。例如,2005 年,美国华尔街的老牌投资人和金融家卡尔·爱康(Carl Icahn)花了 4000 多万美元购得 Pan Am 品牌使用权,期望在将来重振企业,并恢复企业往日声望。1998 年,德国大众汽车(Volkswagen)花了 10 亿美元购买了劳斯莱斯的所有有形资产(包括机器和厂房),而宝马则花了 6600 万美元购得劳斯莱斯品牌所有权。许多分析家认为,相比之下,宝马占了便宜。

营销视点 3-1

品牌价值受到普通关注

2004年6月28日第一届"中国500强最具价值品牌"发布后,在全球第一搜索引擎Google上有262000个相关新闻,在Baidu上有28500个相关新闻,编制单位世界品牌实验室的相关信息多次出现在国家领导人讲话和省部级政府文件中。品牌的价值评估,正为越来越多的各界人士所关注。

营销视点 3-2

品牌并购的思考

什么样的品牌适合企业并购? 如何操作品牌并购? 这是一个理性的思考与决策过程,品牌收购是战略思想指导下的理性行为。品牌作为"猎物"是否可口,这要考虑很多因素,而不是把猎物"活剥硬吞",结果导致梗阻。2000年以后,雅诗兰黛在世界各地连连发起品牌收购,旗下18个品牌中有13个是通过品牌收购获得的。其全球总裁连翰墨依然认为,品牌收购是一件很谨慎的事情。他说:"我们只收购对公司具有战略意义的品牌,收购的品牌必须与公司现有品牌形成互补而不是相互削弱的关系,并给公司带来独特的商业机会。"基于雅诗兰黛的高端品牌定位,连翰墨认为,不会收购中国的本土品牌。

品牌资产评估是将品牌这种重要的无形资产用货币计量单位来衡量和表达出来的过程。近年来,品牌资产评估活动越来越普遍和频繁,这背后隐含着很多驱动因素,即品牌资产评估有着重要意义。首先,越来越多的企业开始使用品牌资产进行融资活动,这是因为品牌评估将品牌资产化,以使企业的一些投资所形成的负债比率降低,企业资产负债表结构更加合理,显示企业资产的担保良好,所以获得银行大笔贷款的可能性将大大提高。

其次,品牌资产评估能够激励员工,提高企业的声誉。品牌价值不仅是外部人对企业所形成的整体认知,传达企业品牌的健康状况和发展形势,肯定品牌是公司发展的长期目标;它同样也可以用来向企业内部的员工传达公司的信念,激励员工的信心。品牌资产评估可以告诉员工自己的品牌值多少钱,以此来显示该品牌在市场上的显赫地位,增加员工的自豪感和凝聚力。

另外,品牌资产评估的结果还可以激励投资者的信心。评估可以让金融市场对企业的价值有较为正确的认识,从而可以提高投资的交易效率。可口可乐公司总裁伍德拉夫曾自豪地对世界宣布,即使公司在一夜之间化为灰烬,凭着可口可乐的品牌资产获得银行的贷款,可口可乐仍会在很短的时间内重建帝国,就是这个道理。

品牌作为一种无形资产,它不仅会对人们的信心产生影响,企业更是把它作为一种资产出售、收购及投资。近期兴起的品牌兼并、收购热潮,使得许多企业意识到,对现有品牌资产进行更好的把握和经营是必要的,对兼并、收购的企业品牌价值掌握也同样重要。此外,在某些情况下,品牌资产评估又促进了合资事业和品牌延伸的发展。将品牌从公司的资产中分离出来,当做可以交易的财务个体的做法,成为日渐增长的趋势,这些都为合资(将有价值的品牌作为资产投入合资企业)与品牌繁衍(如出现的联合品牌名称)奠定了稳定的基础。相反,在与外商合资的过程中,许多国内企业未对品牌资产作评估,就草率地把自己的品牌(如洁花、孔雀、扬子和美加净等)以廉价的方式转让给合资方,造成了不必要的损失。

总之,研究品牌资产评估的原则和方法对于建立和管理品牌资产是非常有价值的,它使人们加深了对品牌这种无形资产的了解,也强化了人们对品牌资产重要性的认识,更进一步引导企业将品牌作为一种重要的资产进行管理和经营。

3.2 品牌资产评估指标和模型

最早人们对品牌进行测评是为了衡量广告代理公司的工作业绩,测评的指标主要有认知和回忆两个方面。在独立的认知度上获得高分是广告代理商工作出色的最终标志,也表明更多消费者能够识别该品牌。但是,这两个方面(消费者对品牌的认知和回忆)虽然为衡量广告代理公司的工作业绩提供了依据,但是它与企业的成功与否并没有直接的关系。美国学者曾做了一项关于"21世纪品牌资产管理"的研究,结果证实,大部分公司对衡量品牌的现状表示满意。品牌资产是无形资产,并不像有形资产(机器、厂房等)那样根据其生产成本和效用就可以确定其价值。为了不同的目的,或从不同角度,品牌资产评估的方法和结果都可能不尽相同,这就是因为人们在评估过程中选择了不同的评估指标。

3.2.1 品牌资产评估指标

不同的品牌资产评估模型和方法会使用不同的评估指标,但总体来看,在实际评估过程中值得考虑和借鉴,并被经常用到的指标有19种,如表3-1所示。

表 3-1 品牌资产评估指标

品牌资产评估指标	评估指标释义
1.品牌的了解、认知、识别、回忆	测评品牌力量,反映不同条件下消费者区分品牌的能力
2.定位认识	通过目标市场或细分市场鉴别和定位销售信息的市场认知水平
3.契约履行	测评一个品牌对其品牌契约的支持程度
4.角色识别	测评品牌与品牌角色一致性的程度
5.关联阶梯	类似于角色识别评估指标,有助于确定在品牌价值金字塔上,品牌价值是在上升、下降还是在原地不动
6.赢得消费者	统计那些由于品牌吸引力才联想起企业的消费者
7.流失的消费者	统计那些遗忘我们的品牌,而转向竞争对手的消费者,或者是离开我们所服务的行业的消费者
8.市场份额	使用我们品牌的潜在消费者(处于我们商品的类别中的人)的百分比
9.现在消费者渗透	评估依靠品牌力量向现在消费者销售其他产品或服务的数量
10.客户忠诚度	测评消费者持续购买我们的某品牌的程度以及这种忠诚维持的时间
11.购买频率	评估品牌能提高购买频率的程度
12.社会影响	计算既定时间内的公共关系影响品牌进步的次数
13.品牌关系	了解消费者对品牌持何种感受以及如何对他人谈论起该品牌
14.推荐指数	确定消费者、影响者或其他利益相关者向新的潜在客户推荐我们品牌的百分比

品牌资产评估指标	评估指标释义
15.消费者满意度	给消费者对产品或服务表现的满意度打分
16.财务价值	明确品牌在市场上的财务价值(假如品牌被出售、转让或用于投资)
17.溢价	与其他品牌以及关键的竞争对手相比,我们的品牌可以在多大程度上索要溢价
18.广告回报	广告预算方面的财务回报
19.顾客终生价值	因品牌的影响力而长期维系于消费者的关系所获得的价值

其中,顾客终生价值是量化忠诚消费者相关价值的评估指标,也是品牌化的单位(公司或企业)普遍认可的指标。在这里不妨拿娃哈哈品牌的例子说明(例子中的人物和数字都是假设的)。

小王从 3 岁就开始喜欢喝娃哈哈的奶品饮料,每天一瓶。假设每瓶 1 元钱,那么小王每年在娃哈哈品牌上的花费是 360 元,而这个习惯一直维持到她 13 岁。那么这 10 年的时间,她大概花了 3600 元;基于对这个品牌的忠诚,小王读初中(13 岁)后,同样消费娃哈哈生产的其他饮料(比如碳酸饮料、果汁饮料等),假设她以同样的消费量一直坚持到 25 岁,那么她在娃哈哈品牌其他饮料上花费了大概 4300 多元。也就是说,从小到现在一共花费了 8000 元左右。如果小王这个习惯维持了 70 年呢?

而小王现在又初为人母,她的这个消费行为又会影响到她的孩子,如果她的孩子和她的消费量是一样的,她和她的孩子又会向他们身边的人推荐他们忠诚的品牌,那么小王的一生会给娃哈哈品牌贡献多大的价值呢?

虽然这是一个假设的例子,但是它却可以说明,把顾客终生价值作为一个评估指标来评估品牌资产的思路。很多房地产企业组织业主联谊会,汽车销售商保持与老客户之间的密切关系,其实就是让消费者在二次置业(或第二次购车)时能够体现对该品牌的忠诚,并能积极地向身边的亲朋好友推荐,形成良好的口碑效应。

顾客终生价值表明了维系消费者忠诚的重要性和影响力,即消费者可以持续不断地为该品牌贡献价值,还可以影响他人,让他们同样对我们的品牌形成忠诚。这个评估指标的相关数据越准确,对未来回报和销售潜力的描述就越简单。

3.2.2　品牌评估指标的选择

在品牌资产评估过程中,不同的评估目的和方法所选择的评估指标是不同的。有的企业只选择品牌知名度、品牌美誉度和品牌忠诚度等简单的评估指标,大致估算品牌资产价值,而可口可乐则以全球为基础,每个月通过 24 种不同的方法来评估品牌。一般情况下,人们所选择的认为合理的评估指标还无法达到可口可乐公司所要求的深度和复杂程度,但是,应该尽可能地保持结果的简单性,重点选择那些能够指引企业取得品牌资产的评估指标。

1.基于经验的评估指标选择

美国学者斯科特·戴维斯教授根据自己的经验,认为八种评估指标非常具有价值,并把这八大评估指标分为定量指标和定性指标(见表 3-2)以帮助人们有效地进行品牌资产管理。

表3-2 品牌价值评估的八大指标

定性评价(半年)	定量评价(每年)
品牌认知 测评当前对品牌名称的认知、了解、回忆的程度	**品牌赢得的消费者** 测评通过品牌资产管理努力所获得的真正消费者
品牌定位理解 测评对定位和销售信息的当前认知度,以便检验对特定细分市场的传播是否有效	**品牌带来的消费者维系和忠诚** 测评如果没有品牌资产管理的努力,你将流失的消费者数量
品牌形象识别 测评品牌角色和品牌联想如何被感知,以及要对哪些部分进行修改和完善	**品牌带来的渗透和频率** 测评依靠品牌资产管理的努力,现在消费者多买产品服务的数量
品牌契约履行 测评消费者对品牌契约要素表现的满意程度	**品牌的财务价值** 测评你的品牌所能获得的价格溢价与竞争对手的价格之差乘以销售数量(或类似变量)

这些目标有着共同的中心,它决定着人们是否明智地利用了品牌投资,以及是否得到了所谋求的回报。

品牌资产管理评估指标要求对品牌价值从两个视角进行理解:一是定性的了解,这建立在品牌相关的市场感知和购买行为的基础上;二是定量的把握,考察品牌对未来收入的影响,这些影响是建立在财务与市场基础上的。

2.四种品牌资产评估模型中对评估指标的选择

随着有关品牌资产的理论越来越受到重视,人们总结出几种品牌资产评估模型,不同的模型从不同的角度出发,所选择的评估指标也有所区别。下面简单介绍四种评估模型,它们分别是品牌资产评估(brand asset valuator)电通模型、品牌资产趋势(equitrend)模型、品牌资产十要素(brand equity ten)模型和品牌资产引擎(brand equity engine)模型,以及每种模型所选择的评估指标。

(1)品牌资产评估电通模型。

品牌资产评估电通模型针对消费者用以下四项指标对每一个品牌的表现进行评估:

①差异性(differentiation),即品牌在市场上的独特性及差异性程度。

②相关性(relevance),即品牌与消费者相关联的程度,以及品牌个性与消费者的适合程度。

③品牌地位(esteem),即品牌在消费者心目中受尊敬的程度、认知质量以及受欢迎程度。

④品牌认知度(knowledge),即用来衡量消费者对品牌内涵及价值的认识和理解的深度。

在消费者评估结果的基础上,该模型建立了两个因子:其一,品牌强度(brand strength),等于差异性与相关性的乘积;其二,品牌高度(brand stature),等于品牌地位与品牌认知度的乘积,并构成了品牌力矩阵,可用于差别品牌所处的发展阶段。

(2)品牌资产趋势模型。

品牌资产趋势模型选择以下三项指标来衡量品牌资产:

①品牌的认知程度(salience),即消费者对品牌认知比例,也可以分为第一提及、提示前及提示后知名度。

②认知质量(perceived quality),即品牌资产趋势模型的核心,因为消费者对品牌质量的评估直接影响到品牌的被喜欢程度、信任度、价格以及向别人进行推荐的比例。

③使用者的满意程度(user satisfaction),即品牌最常用的平均满意程度。综合每个品牌在以上三项指标的表现,能够计算出一个品牌资产趋势模型的品牌资产得分。

(3)品牌资产十要素模型。

品牌资产十要素模型是由戴维·阿克教授于1996年提出的,从五个方面衡量品牌资产,即忠诚度、认知质量或领导能力、品牌联想差异化、品牌认知和市场行为,并提出了这五个方面的十项具体评估指标。

忠诚度评估:①价格优惠;②满意度或忠诚度。

认知质量或领导能力评估:③感觉中的品质;④领导品牌或普及度。

品牌联想差异化评估:⑤感觉中的价值;⑥品牌个性;⑦公司组织联想。

品牌认知评估:⑧品牌认知。

市场行为评估:⑨市场份额;⑩市场价格和分销区域。

(4)品牌资产引擎模型。

品牌资产引擎模型建立了一套标准化的问卷,通过专门的统计软件程序,可以得到所调查的每一项品牌资产的标准化得分,得出品牌在亲和力(affinity)和利益能力(performance)这两项指标的标准化得分,并进一步分解为各子项的得分,从而可以了解每项因素对品牌资产总得分的贡献,以及哪些因素对品牌资产的贡献最大,哪些因素是真正驱动品牌资产增长的因素。

选择合适的品牌资产评估指标以测定品牌塑造努力的效果,这对于品牌建设至关重要。选择评估指标时,在保证合理的前提下,要选择简单易用、容易获得以及可重复进行的指标,以便能够简洁而又有效地搜集到信息,并能根据这些信息作出合理的决策。

3.迪纳品牌资产指数模型

戴维·阿克的品牌资产模型在该研究领域中影响非常大,但存在一定的问题。首先,品牌忠诚是"果",而品牌知晓、品质认知、品牌联想是"因",把品牌忠诚这个"果"和上述"因"放在一起定义品牌资产是不符合逻辑的。此外,其他专有资产虽然对品牌资产的构成有间接影响,但如果消费者或潜在消费者不知道这些专有资产,也就不能直接影响消费者或潜在消费者对其的评价。消费者只能凭借自身对产品质量的感知和基于品牌联想导致的对品牌的认同来评价一个品牌。对某品牌熟悉程度越高,对该品牌的认知就更加深入,其判断就能影响更多的人。

在对阿克研究成果分析的基础上,同时也对国外几种实际评价品牌资产的方法进行系统的分析比较,综合考虑各种方法的优势,以及调查实施的难易程度,迪纳借鉴了全方位研究公司的测评方法,同时对品牌资产的计算公式进行了调整,使其同时反映品牌知晓率、品牌熟悉程度、品质认知和品牌认同的作用,从而更好地评价品牌资产的大小。另外,这里要强调一下,模型中的知晓率和人们通常提到的知名度的区别。知名度是指听说过某品牌名称,而知晓需要受访者对该品牌联想进行评价,也就无从谈起是否认同该品牌。所以,在评价品牌资产的时候,他们没有采用品牌知名度,而是采用品牌知晓率这一指标。

迪纳品牌资产指数模型主要涉及以下五个指标。

(1)知晓率(%)和熟悉度(1~5分)。

一个品牌要能够持续在市场上存在,消费者必须对它熟悉。这个假设很简单:如果这些人喜欢某品牌的话,对该品牌了解的人越多,就越有可能购买该品牌。

(2)品质认知(1~10分)。

这个指标提供了整体人群针对某品牌的一个意见标杆。感知质量是一个抽象的指标——不管是否感觉到,人们印象中存在一个由高到低的品牌序列。感知质量受到广告曝光、怀旧感等的影响。

(3)认同度(1~10分)。

这个指标描述了消费者和品牌之间发生联系的可能性。问题是这样的:"如果不考虑价格,你愿意购买该品牌的可能性有多大?"这个问题让他们能够搜集某品牌被人们确实视为与自身相关,并且适合自身的程度,也就是说,人们认为某品牌适合自身生活的程度。

(4)美誉度(1~10分)。

针对熟悉某品牌的消费者,综合对品质的评价和认同度的评价,可以计算品牌的美誉度。品牌消费者认知品质好,而且适合广大消费者的生活,消费者愿意和这个品牌发生联系,这样的品牌在了解它的人群中,才具有高的美誉度。品牌美誉度的构成如图3-1所示。

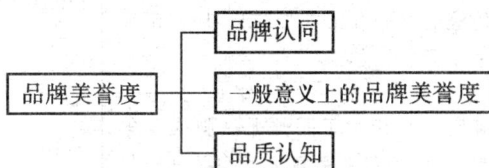

图3-1 品牌美誉度的构成

(5)品牌资产(1~100分)。

基于对知晓率和美誉度的计算,计算品牌资产得分,并整体用来对品牌排序。品牌资产得分用来评价不同品牌在知晓率、熟悉度、感知品质和认同方面的综合表现。一个品牌,如果在知晓人群中具有非常高的美誉度,但知晓率很低的话,也不会有很高的品牌资产。知晓率高、美誉度也高的品牌,才具有最高的品牌资产。迪纳品牌资产构成如图3-2所示。

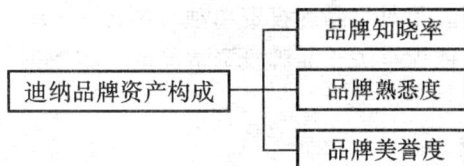

图3-2 迪纳品牌资产构成

3.3 品牌资产评估方法

根据不同的评估目的,品牌资产的价值有不止一种表达方式,这取决于评估人的角度,即"价值前提"。一般来说,品牌资产的价值类型有三种——内在价值、交易价值和非公开交易价值。在品牌资产发生交易前,其价值称为内在价值。如果着眼于过去,则物化的活劳动决定其价值量,往往用历史成本来表示其价值量的大小;如果着眼于未来,则按其效用的大小来衡量价值量,此时往往用未来收益法来计算品牌资产的价值。在品牌资产发生交易时,其实际价值即交易价值不仅取决于内在价值,还受到供求机制和竞争机制的影响,并会或大或小地发生偏离。如果这些交易并非发生在公开、公正的市场上,其价值,即非公开交易价值,还会受到其他更为复杂的因素的影响。

而在品牌资产评估时,有两种基本取向:一是侧重从公司或财务角度,赋予品牌以某种价值,在公司购并、商标使用许可与特许、合资谈判、税收交纳、商标侵权诉讼索赔等许多场合都涉及或要求对品牌进行估价。二是从消费者角度评估品牌强度,即品牌在消费者心目中处于何种地位。

47

比如消费者对品牌的熟悉程度、忠诚程度、品质感知程度以及消费者对品牌的联想等。正是从这些角度出发,研究人员在试图为品牌估算一个具体的财务价值时,总结出了几种不同的方法(见表3-3)。

表3-3 品牌资产评估方法分类

评估方法的要素	评估方法的特点	代表性方法
财务要素	品牌是公司无形资产的一部分,是会计学意义的概念	成本法、替代成本法、股票市值法
财务要素+市场要素	品牌资产是品牌未来收益的折现,因此对传统的财务方法进行调整,加入市场业绩要素	Interbrand 方法 Financial World 方法
财务要素+消费者要素	品牌资产是相对于同类无品牌或竞争品牌而言,消费者愿意为某一品牌所付出的额外费用	品牌抵补模型(BPTO) conjoint analysis

3.3.1 财务要素评估方法

财务要素评估方法利用会计学原理来测量品牌资产,主要有以下几种方法:

1.成本法

依据用于建立和发展品牌的实际投入费用(如研发费、广告费等)来估算品牌资产。但是,由于品牌资产属于无形资产,而无形资产的投入与产出的相关性比较弱,再加上企业对品牌投资通常与整个投资活动联系在一起,很难将品牌投资单独分离出来;另外,价值比较大的品牌一般成长时间比较长,企业往往不可能保存关于品牌投资情况的完整数据。所以,这种方法在实践中很少被采用。

2.重置成本法(替代成本法)

重置成本法是指计算建立一个与某一个与某一特定品牌影响相当的新品牌所需费用来估算品牌资产量的大小。其基本思路是,首先估算品牌所在行业的新品牌开创费用,在此基础上根据该品牌影响力的大小确定一个成本因子,两者的乘积即是品牌的品牌资产价值。这里涉及两个变量——重置成本和因子系数。一般按照品牌的市场占有率来确定因子系数。例如,假如人们认为市场占有率有3%以上的品牌为成功品牌,而符合该标准的品牌有20个,这20个品牌总的市场占有率为90%,企业又有一市场占有率为45%的品牌,则其影响因子系数为10,即

影响因子系数=被评估品牌占有率/成功品牌平均市场占有率

将上述数字代入公式,得:10=45÷(90÷20)

另外,运用该方法还应考虑的一个问题就是风险因素。假设开创新品牌的平均费用为200万,而开创新品牌的成功率为1/3,其平均开创费用则为600万,故

品牌重置费用=行业平均费用/成功率×成功因子

3.股票市值法

股票市值法由美国芝加哥大学 C. J. 西蒙(Simon)和苏里旺(Sullivan)提出,以公司股份为基础,将有形资产与无形资产相分离,再从无形资产中分解出品牌资产。这种方法适用于对上市公司进行品牌资产评估,其步骤如下:

第一步,计算出公司的总市值 A(以股价乘以股数即得公司市值)。

第二步,用重置成本法计算出公司的有形资产 B(厂房、商品、设备等),则无形资产总值 C＝A－B。无形资产由三部分组成,即品牌资产 C_1、非品牌资产 C_2(如 R&D 和专利)以及行业外可以导致获取垄断利润的因素 C_3(如法律因素等)。

第三步,确定 C_1、C_2、C_3 各自的影响因素。

第四步,建立股市价值变动与上述各影响因素的数量模型,以得出品牌资产占公司有形资产的百分比(也可导出不同行业中品牌资产占该行业有形资产的百分比)。由此即可得出品牌资产 C_1。

股票市值法的困难之处在于确定公司市值与影响无形资产各因素间的模型,该过程不但需要大量的统计数据,而且要经过极为复杂的数学处理,这在很大程度上限制了它的适用性,而且这种方法要求股市比较健全,股票价格能较好地反映公司的实际经营业绩,这些在我国现阶段都还不太现实。

3.3.2 财务要素＋市场要素方法

引入非财务因素进行调整,其中最著名的两种方法以其创立机构命名,它们分别是国际品牌公司(Interbrand)方法和金融世界(Financial World)方法。这两种方法主要加入了反映品牌市场业绩和市场竞争力的若干评估的新因素。

1. 国际品牌公司的方法

英国的国际品牌公司被公认是世界上最著名的品牌资产管理公司。1990 年,该公司发表第一本国际范围的 World's Top Brands 评估结果,1996 年书名被改为 Worlds' Greatest Brands (Interbrand,1996)。国际品牌公司认为,与其他资产的价值一样,品牌的价值也应该是品牌未来收益的折现。因此,采用国际品牌公司方法评估品牌资产分为两步:首先,确定品牌收益和现金流;其次,根据品牌强度确定折现率。

(1)品牌资产价值等于品牌收益乘以品牌强度。

品牌收益(brand earning)主要用来反映品牌近几年的获利能力。国际品牌公司方法中的品牌收益的衡量方法非常复杂。品牌收益的计算不仅要从品牌销售额中减去品牌的生产成本、营销成本、固定成本和工资、资本报酬以及税收等,还要考虑许多其他因素。首先,并非所有的利润都是来自于品牌,可能有部分收益或利润来自于非品牌因素,如分销渠道因素。其次,品牌收益不能用某一年份的利润来衡量,而应该用过去三年历史利润进行加权平均。

(2)品牌强度。

品牌强度决定了品牌未来现金注入的能力,最大值为 20。国际品牌公司先后提出了两套计算品牌强度的模式,即七因子加权综合法和四因子加权综合法。它们均运用国际品牌公司设计的详细问卷搜集品牌在各因子表现的得分。品牌强度七因子加权综合法中的因子包括:市场领先度(leadership)、稳定性(stability)、市场特征(行业增长能力、进入障碍等)(market)、国际化能力(internationality)、发展趋势(与消费者的相关性)(trend)、品牌支持(support)、法律保障(protection)。四因子加权综合法中包含的因子包括:比重(同类产品中的市场占有率)(weight)、广度(市场分布)(width)、深度(顾客忠诚度)(depth)、长度(产品延伸程度)(length)。

2. 金融世界的方法

《金融世界》杂志每年公布世界领导品牌的品牌资产评估报告,所使用的方法与国际品牌公司的方法基本接近,而主要不同之处是金融世界更多地以专家意见来确定品牌的财务收益等数据。该方法强调市场品牌的市场业绩,首先从公司销售额开始,基于专家对行业平均利润率的估计,计算出公司的营业利润;然后再从营业利润中剔除了与品牌无关的利润额。例如,资本收益(根据专家意见估计出资本报酬率)和税收,从而最终得出与品牌相关的收益。根据国际品牌公司的品牌七因子模型估计品牌强度系数,品牌强度系数的范围大致在6~20。其计算结果为:

$$金融世界品牌资产 = 纯利润 \times 品牌强度系数$$

用金融世界方法计算品牌资产的具体过程与示例如表3-4所示。

表3-4　金融世界品牌资产计算方法

步骤	项目	公式	万宝路(1992)	可口可乐(1993)
1	销售额	—	154亿	90亿
2	利润率	(行业)	22%	30%
3	利润	销售额×利润率	34亿	27亿
4	资本比率	(行业)	60%	60%
5	理论资本	销售额×资本比率	92亿	55亿
6	一般利润	资本比率×5%	4.6亿	2.7亿
7	品牌利润	利润—一般利润	29亿	24亿
8	修正利润	三年加权	—	—
9	税率	(行业)	43%	30%
10	理论纳税	修正利润×税率	12亿	7.3亿
11	纯利润	修正利润—理论纳税	27亿	16.7亿
12	强度系数	6~20	19倍	20倍
13	品牌价值	纯利润×强度系数	310亿	334亿

注:以上单位以美元计。

国际品牌公司和金融世界这两种方法多年发表的评估结果,已经形成了国际性地位,具有较强的权威性和通用性,可用于任何产品类别或品牌,特别是在品牌收购、兼并或租赁等市场行为中,用途较广。但它们也存在以下不足:①只提供品牌总体绩效指标,却没有提示品牌资产内部的因果关联,对品牌管理指引不够;②过于简单化,难以确定品牌资产中有多少价值来自母品牌,又有多少价值来自子品牌。

3.3.3　财务要素+消费者要素方法

本方法尽管引入消费者的新角度进行评估,但没有摆脱财务方法的影响,将品牌资产定义为:相对于同类无品牌产品(或服务)和竞争品牌或服务而言,消费者愿意承担为某一品牌产品或服务所付的额外费用。这是在两种要素组合基础上的评估。比较有代表性的方法是溢价法、消费者偏好法、品牌—价格抵补模型(brand-price trade off,BPTO)、联合分析法(conjoint analysis)。此类方法具体操作比较繁杂,且过分依赖消费者的直观判断和电脑统计过程。限于篇幅,故在此不再详述。

3.4　品牌资产评估的意义与模式

3.4.1　品牌资产评估的意义

"工厂生产产品,顾客购买品牌。竞争对手虽然能够仿制产品,但却无法仿制品牌,因为品牌具有独特性。一种产品可能会稍纵即逝,但一个成功的品牌确是经久不衰的。"21世纪的经济是一个知识的经济,品牌决胜的经济,品牌代表着企业的竞争优势,决定着企业的生死存亡。实践表明,唯有基于品牌的竞争优势才能够跨越生命周期,品牌已经成为众多国际知名企业倾力打造的焦点。在品牌这个概念体系中,品牌资产尝试量化品牌的价值,而且这个概念可以帮助人们对品牌进行动态的跟踪以及评估,并以此为依据,确立品牌的战略意义,也因此受到理论研究人士和企业界越来越多的关注。

3.4.2 品牌资产评估的成功模式

国际上跨产品衡量品牌资产的成功模式主要有以下两种:

(1)扬—罗必凯(Young & Rubicam)广告公司的品牌资产评估法。该方法从品牌差异性、相关性、尊重和认知四个维度衡量,目前其采用的问卷有48个问题。

(2)全方位研究公司的权益趋势法。该方法的问题很少,但是问题的力度很大,其主要指标第一项是显著性,即对某个品牌发表意见的受访者的百分比;另外一项是认知品质,即顾客对产品或服务的整体品质的感觉。它可以生产价值,是品牌的重要资产。自1989年以来,该公司就一直发布相关数据,这种持续动态的长期数据有力地加强了判断品牌资产动态发展及其影响力的能力。在《品牌领导》一书中,作者戴维·阿克和埃里克·乔基姆塞勒以全方位研究公司的权益趋势(equitrend)资料库为基础,提出了品牌资产和股票回报率之间的因果联系。在品牌资产上获得高收益的企业,其股市回报率平均也达到30%;反之,品牌资产收益低的企业,股市回报率平均是-10%。从2004年开始,全方位研究公司拓展了其品牌资产的研究指标,增加了购买意向(认同度)的调查,并且把知晓率调查指标调整为对某品牌的了解程度指标,并赋予不同了解程度的人群以不同的权重。但是,新的方法在计算品牌资产的时候,不再考虑知晓某品牌人群的百分比,只考虑知晓某品牌人群的评价分值。因此,新、老方法的结果可能差异很大。新方法考虑了品牌资产对购买意向的影响,这是它相对于老方法的一个重要进步,但同时忽略了品牌认知度的影响,这是它相对于老方法的一个重要不足。

本章小结

品牌是一个很复杂的概念,企业要树立塑造品牌的经营导向,就要对品牌资产进行衡量和评估。本章内容共分为三个部分。

第一部分阐述了品牌资产评估的概念。这部分介绍了品牌资产评估,也详细介绍了企业品牌资产进行评估的意义:首先,它为品牌在企业的融资活动中提供担保找到了依据;其次,经评估的品牌资产可以激励员工,培育企业信誉;再次,品牌资产评估为品牌资产的出售和并购等企业行为提供了帮助。

第二部分介绍了品牌资产评估时常用的评估指标、评估指标的选择和几个品牌资产评估的模型,在此基础上还介绍了几类常用的品牌资产评估模型,即品牌资产评估电通模型、品牌资产趋势模型、品牌资产引擎模型和品牌资产十要素模型。根据不同的评估目的,品牌资产的价值有不止一种表述方式,这取决于评估人的角度即"价值前提"。

第三部分详细介绍了三类常用的品牌资产评估方法,即财务评估方法、财务要素+市场要素方法和财务要素+消费者要素方法。

案例分析

"爱国者"自主创新，自主品牌

爱国者是北京华旗资讯数码科技有限公司的产品注册品牌，中文名寓意"中华的旗帜"的华旗资讯，在使用英文名称时，出于对"China Flag"（国旗）的尊重，选择了"Patriot"，在创建自有品牌时，华旗资讯将"Patriot"翻译回来，创立了"爱国者"这个品牌，爱国者的商标"Aigo"正是"爱国者"的拼音。1993年，毕业于清华大学建筑系的冯军在中关村创立了华旗资讯，致力于为用户提供优异的高科技产品。公司成立时，创业资金仅有200元人民币，整个公司只有两个人。至2007年，华旗资讯已有员工1900余人，营业额连续十年每年保持60%的稳定增长，2005年华旗的销售收入超过20亿元。现今的华旗资讯业务领域涉及电脑外设、移动存储、数码娱乐、信息安全、电子教育，以及新兴领域。旗下的爱国者移动存储产品市场销量连续七年遥遥领先，带动中国移动存储行业迅猛发展，成为中国第一个国际领先的IT产品领域。2003年，华旗开始在中国市场上开发自己的MP3产品，先后推出了全球首款彩屏MP3、手表式MP3等一系列新产品，入市仅一年，爱国者MP3即实现国内市场占有率第一，此后的MP4同样获此骄人战绩。2008年华旗资讯委托北京中金浩资产评估有限责任公司对爱国者品牌价值进行评估，对华旗资讯多年的品牌经营进行了总结，其品牌价值86亿。总裁冯军将爱国者的成功归结为两条，一是始终坚持"自主创新，自主品牌"，二是运用创新思维来打造和提升品牌价值。

案例思考题

1. 爱国者用什么方式开发自己的拳头产品？

2. 查阅相关资料，讲述爱国者品牌成长之路。

关键术语

品牌资产评估电通模型	品牌资产趋势模型	品牌资产十要素模型
品牌资产引擎模型	重置成本法	股票市值法
国际品牌公司法	金融世界法	财务要素＋消费者要素

思考题

1. 品牌和品牌资产是什么关系？

2. 品牌资产评估的模型有哪些？它们之间有哪些区别？

3. 品牌资产评估有哪些方法？对应每一资产评估方法，试各举一例分析其中的品牌资产。

4. 搜集相关资料，看看品牌资产评估还有无其他方法，并加以简要说明。

第4章 品牌资产的保护

本章提要

当一个品牌培育成功以后,它的生存环境就变得异常复杂。由于品牌是一项十分重要的无形资产,尤其是名牌、驰名商标等具有极高的经济价值,这就使它们容易成为不法商人眼中的唐僧肉。创名牌不容易,保名牌更难。缺乏品牌管理经验,使自己的商标被抢注,企业在不知不觉中失去辛辛苦苦创立的品牌,这样的事件接连发生、层出不穷。为使企业的巨大无形资产和宝贵财富不受侵犯,企业必须对自己的品牌实施有效保护。本章将讨论品牌保护的含义、背景以及品牌资产的法律保护和市场保护的内容和策略。本章的重点是了解品牌保护的含义、保护的类型和策略。

引导案例

五粮液商标韩国险遭他人注册

2001年12月31日,一名韩国人将五粮液的汉语拼音"WULIANGYE"抢先注册成商标。2003年1月23日,韩国官方发布相关公告,同年2月14日,代理五粮液品牌相关商标业务的四川超凡商标事务所发现了抢注行为,同年2月19日,五粮液提出异议书,并出具了五粮液不仅是中国,也是国际驰名商标和品牌,且使用在先的证据。

韩国的注册方在2003年5月的答辩中认为,该商标在韩国不是驰名商标,因此不是恶意注册,不存在误导消费者的问题。但调查后发现,该韩国注册方同时还抢注了红星二锅头的"红星"、湖南酒鬼酒的"酒鬼"及张裕三鞭酒的"三鞭"等中国商标,存在着恶意抢注的嫌疑。

经过14个月的拉锯战和三个回合的举证,2004年4月20日,韩国商标总局否定了被告关于"五粮液"在韩国不知名、注册不存在误导的辩解,作出了"驳回韩国注册人注册申请"的最终裁定。品牌价值269亿元的"五粮液"终于夺回自己的商标权利,并已将其中文标志和汉语拼音向韩国商标总局提出注册申请。

五粮液分管销售的董事表示,五粮液是国内酒业的知名品牌,发展势头迅猛,从"九五"期间到2004年,公司创下了销售收入平均增长40%的神奇速度,2004年,曾实现销售收入138亿元。除了内地市场,海外市场也是五粮液不可或缺的市场。五粮液集团通过在海外实行区域代理制,同时采取一些促销手段(包括调整产品售价等),吸引了众多海外消费者购买,目前出口创汇已超过1000万美元。该董事说,除了传统的五粮液酒出口外,五粮液系列酒如青梅酒、五粮醇等也走出了国门,主要出口到日本、美国、加拿大等地,其中韩国也是其重要出口市场之一。该董事表示,如果这次维权失败,即意味着五粮液进军韩国、国际市场之路被阻断。产品不能以原有的商标进入当地市场,只能另换商标,这将对企业已有的无形资产造成无法估量的损失,并给企业经营增加成本。

作为白酒行业首次跨国商标案的胜诉,相当于交钱上了重要的一课。同时也提醒了国内知名企业,在全球经济一体化的今天,要特别重视商标注册的地域性和周期性,商标注册和保护更应作为品牌先行的必要手段,如同战争中的粮草一样,"兵马未动,粮草先行",秉承"自愿注册原则"和"申请在先原则",企业应对已经在他国进行交易的商标及时"补过"、尽快注册,对即要打入他国市场的商标提前、及时注册。

4.1 品牌保护的背景及意义

4.1.1 品牌保护的定义

品牌保护被菲利普·科勒特认为是"区别专业的营销者的最佳方式"之一。他说,区别专业的营销者的最佳方式是看他们是否拥有对品牌的创造、维护、保护和扩展的能力。可见品牌保护是企业品牌管理与战略的重要内容。通过品牌保护,不仅可以保护产品销量的稳定,使消费者愿意以溢价购买,而且可以提高市场进入壁垒,增强品牌的市场竞争力,维持其市场地位。因此,品牌保护对于企业来说,既关系到企业品牌的存续,也关系到企业的生存与发展。

品牌保护的经典含义是指企业法定权利的注册与打假,即对品牌所有人、合法使用者的品牌实行资格保护措施,以防范来自各方面的侵害和侵权行为。但在全球经济一体化时代,这一含义已不能适应品牌日益被侵害的现实。品牌遭到的攻击不仅仅是法律意义上的,而且越来越是全方位的,更多时候品牌侵害是来自市场的攻击。例如,品牌的随意延伸、品牌形象老化、品牌技术的退步、品牌个性的平庸化,等等。这些问题均会引起对手向自己的品牌发动更具有针对性的营销战役,从而危害品牌的市场地位。因此,品牌保护必须是对品牌的市场保护,而不只是法律保护。

把握上述分析,本书将品牌保护定义为,企业在品牌运营中所采取的一系列维护品牌市场竞争优势的活动。它包括以下方面:巩固提高品牌的竞争力与市场影响;延长其市场寿命;维持品牌与顾客之间的长期忠诚关系,树立良好的品牌形象;促进品牌资产不断增值。因此,品牌保护应包括三个方面的内容,即品牌的法律保护、品牌的自我保护、品牌的经营保护。

4.1.2 品牌保护的背景

自品牌的概念诞生以来,品牌保护就应运而生。如前所述,品牌的主要作用之一就是区别不同品牌的产品,使产品保持差异化,防止混淆。只要存在两个以上的品牌,说法会出现比较。有比较就有鉴别,消费者也就会从比较中选择能给自己带来最大让渡价值的品牌产品。于是品牌之间的竞争开始了,品牌保卫战随之展开。

1.品牌保护的社会与心理背景

兰德公司的创始人华特·兰德先生说过,工厂制造产品,心灵创造品牌。"产品更多"是物理性的,而"品牌则更多"是心理性的。由此可见,品牌竞争是指商家对消费者心灵的争夺。消费者对品牌的偏好源于对品牌个性的认同,而对品牌个性的认同似乎又与消费者自己的个性密切相连。品牌个性与品牌的其他所有属性一起,构建了品牌形象。

品牌形象被定义为消费者对品牌的看法。品牌形象论强调区别产品的功能属性越来越难,并且很容易被模仿,而产品所对应的形象则可以做到独一无二,容易让消费者识别并认同。著名广告人大卫·奥格威曾让"品牌形象论"成为一阵旋风,风靡营销界。奥格威从霍普金的科学理论和鲁宾凯姆的形象传统中寻求灵感,认为人们不是因为产品本身的原因去购买某种商品,而是因为他们把这种商品与某种特殊的形象联系起来了。在产品功能利益越来越小的情况下,消费者购买时看重的是实物与心理利益之和,而形象化的品牌就是带来品牌的心理利益。消费者透过品牌形象,可在自己的头脑中联想到一系列与此品牌有关的特性与意义,这些内容深深地定位于消费者的思想感情中,最终影响到他们做出的购买决策。

品牌形象源于消费者的心理,这种现象使某些品牌在消费者心目中占据了独特而显著的位置,使得该品牌大受欢迎,销量倍增,还有些消费者甚至为获得该品牌不惜花高额溢价。消费者对著名品牌趋之若鹜的消费行为,使品牌拥有者获得超额利润,并在同行业处于竞争优势。这种竞争局面,是那些处于不利地位的企业不愿看到的,于是他们中的某些人就会铤而走险,利用消费者对品牌产品的喜好,混淆品牌之间的差别,达到浑水摸鱼的目的。这种情形构成了品牌保护的社会与心理背景。

2.品牌保护的经济背景

在品牌竞争的时代,强势品牌是企业真正的利润增长点,它能获得高于平均利润的超额利润。因此,实施品牌战略已成为企业的经营战略之一。但在急功近利的企业行为驱动下,品牌建立的长期性使某些企业疏于品牌管理,而采取"傍名牌"的不法行为,假冒现象由此而生。品牌的知名度越高,假冒者就越多,技术失窃的可能性也就越大。品牌商品,尤其是名牌、驰名商标商品被侵害的比例远远高于一般品牌。

假冒现象被一些经济学家喻为"黑色经济"。在全球经济一体化时代,这种黑色笼罩的已不仅仅是某个国家或者某个区域,而是整个世界。像国际贩毒网一样,假冒商品已在世界某些地方形成了生产、运输、走私、批发、销售的严密网络。有人估计,假冒商品交易额约占世界贸易额的2%,甚至更多。

假冒伪劣也已成为我们经济生活中的一大公害。假冒商品品种多、数量大,从生活日用品到生产资料,从一般商品到高档耐用消费品,从普通商品到高科技产品,从内销商品到外贸出口商品,假冒伪劣几乎无所不在,无所不有。这其中又以制作容易、利润丰厚、销售快捷的假冒名烟、名酒和药品的问题最为严重,而且假冒伪劣商品有向大商品和高科技产品方向发展的趋势。

假冒伪劣给不法企业带来的是短期利益,给消费者和企业带来的却是严重伤害,这种情形构成了品牌保护的经济背景。

4.1.3 品牌保护的意义

如何看待品牌保护,这个问题已超出了一般保护企业利益或保护消费者利益的层面,并涉及国家利益和人类知识的合理有效运用。

2005年10月,中国共产党十六届五中全会将提高自主创新能力作为贯彻落实科学发展观的重大原则,强调"十一五"期间经济社会发展的一个重要目标是形成一批拥有自主知识产权和知名品牌、国际竞争力较强的优势企业。在这一战略指引下,各级政府纷纷采取政策、措施,支持企业自主创新,制定品牌发展战略。然而,落实这一重大战略决策的一个重要条件就是如何保护知识产权。这个问题解决不好,企业将缺乏创新的动力。因此,品牌保护涉及一系列重大问题。

首先,品牌保护是对企业创新力的保护。企业是经济活动的主体,也是创新的主体。企业创新活动为社会提供了丰富的商品,满足了人类的生活需要,提高了人类生活的质量。企业创新表现在技术创新、管理创新、制度创新、企业文化创新、营销创新等方面。当我们强调企业自主创新的时候,自主品牌是企业创新的重要内容,而当企业建立了自主品牌时,对品牌的保护无疑是对企业自主创新能力的保护。

其次,品牌保护是对知识产权的保护。企业创新活动不仅表现在对社会生活质量的提升,还表现在推动科技进步和人类知识合理有效运用上,最终推动人类社会的发展和进步。企业创新实现的技术进步和知识积累,是人类社会精神财富的重要组成部分。企业为技术创新投入了巨额资金,技术成果是其投入的回报。在一定时期内,企业的创新成果理应得到应有的回报,所以在制度上要保护企业的创新成果,这就是从法律上对知识产权进行保护。品牌保护与知识产权保护有一定区别,但品牌,尤其是名牌,一旦成为驰名商标,就被纳入了知识产权保护的范围。所以,在一定意义上,我们可以说,品牌保护是对知识产权的保护,而知识产权保护是保护企业创新力的制度保障。

再次,品牌保护是对消费者合法权益的保护。品牌保护的一个重要原因,就是保护消费者的利益。由于在全球范围内信息不对称,某些假冒伪劣商品肆意横行,消费者往往被这些外表绚丽的商品所蒙蔽,结果深受其害。假烟、假酒、假药和不合格的食品严重损害了消费者的健康,有的甚至危及消费者的生命。通过信息的有效沟通,对品牌进行保护,让消费者识别品牌,是保护消费者合法权益的有效手段。因此,对品牌的保护就是对消费者利益和权益的保护。

4.1.4 品牌保护的基本机制

与其他品牌管理活动一样,品牌保护是一个复杂的管理系统,具有自己的特点和运行机制。为有效提高企业的品牌保护工作效率,就必须了解品牌保护的基本机制。它们分别是整合机制、预防机制、创新机制与效益机制。

1.整合机制

整合机制是指由企业主导的,以相关国内、国际法律为基础,整合企业、社会、企业的合作者、顾客等各方面的力量来对品牌进行综合保护的活动机制。整合机制的含义包括两层:第一,由于对品牌的侵害活动影响到社会、企业的合作者与顾客等多方面的利益,有些活动如假冒伪劣还会使企业的竞争对手遭受同样的损失,因此,企业的品牌保护必须整合可利用的一切力量,包括企业自身、社会、顾客、企业的合作者(甚至竞争者),来实施全面的品牌保护。第二,由于品牌自身的含义越来越复杂,品牌面临着全方位的市场竞争,因而单一的法律手段并不能有效地保护品牌。要想较好地保护品牌,就必须整合企业可以采取的一切手段来对品牌进行综合保护。品牌保护的整合机制由两部分组成,即整合机构与整合方法。首先,企业应建立自己的品牌保护机构,与国家各级负责品牌(商标)管理的相关部门、国内外品牌权威机构、消费者权益保护组织等建立联系,以了解国家相关的法律动态,并咨询品牌保护对策,宣传公司的品牌保护宗旨,同时整合所有可能的力量进行品牌保护工作。应尽快建立企业自身的品牌保护方法体系,从法律、技术、市场拓展等多个方面来开展品牌保护工作。

2.预防机制

预防机制是指企业监控品牌受伤害的状况,以便及早采取有效保护措施的活动机制。预防机制的根本目的就是提高品牌对环境的适应性,用尽可能少的投入达到保护的效果。在大多数情况下,采取预防手段能够降低企业品牌被伤害的风险,减少可能带来的损失,并提高品牌的生存能力。为了建立这种预防机制,企业必须构建与国际互联网连通、资源共享的营销信息系统,尤其要强化其中的品牌运营监控信息系统,提出一套完整的品牌保护监控指标,加强对品牌未来发展状况的预测,建立定期评估制度。

3.创新机制

创新机制是指企业因应不断变化的品牌运营形势,促进品牌保护手段与体制不断变革的活动体制。品牌并不是一劳永逸的,品牌保护也必须与时俱进。由于企业自身的品牌生态环境在不断变化,品牌保护手段、体制都必须不断创新,以提高品牌保护的适应性。创新机制包括树立鼓励创新的观念、设立创新开发部门、策划激励创新的奖励制度以及建立有关品牌保护创新的评价体系等多方面内容。

4.效益机制

效益机制是指企业从经济效益出发,按照自己的资源条件开展品牌保护活动的约束机制。品牌保护是以获得更高的经济效益为其目标的。它作为企业的一项管理活动,必须服从经济规律的制约,也就是说企业应考虑品牌保护的成本与收益的配比关系,通过严格的经济核算,结合自身实际,提出适合自己的品牌保护策略。企业可在原有的效益考核机制的基础上,增加对品牌保护的经济核算,建立有关品牌保护的经济核算指标,并注意将企业的品牌利益与企业的长远发展目标结合起来。

4.2　品牌资产的法律保护

4.2.1　品牌法律保护的含义

品牌的法律保护是品牌保护的经典含义,即从法律制度上对品牌所有人、合法使用者的品牌实行资格保护措施,以防范来自各方面的侵害和侵权行为。为准确理解品牌法律保护的内涵,有必要对本书将要涉及的概念进行较全面的介绍。

1.商标专用权

商标专用权是指品牌注册申请人对经过商标主管机关核准注册的商标所享有的权利,简称商标权。商标权包括商标的独占使用权、禁用权、转让权和使用许可权等,其中独占权是基本的核心的权利,其他权利都是从独占使用权中派生或延伸出来的。

(1)商标的独占使用权。

独占使用权是指核准获得注册的商标的所有人在该注册商标的范围内有独占使用其商标的权利。商标权赋予商标权人"专用"注册商标,其他任何人未经许可不得使用。也就是说,非商标权人不拥有同一商品或类似商品上使用与商标权人相同或相近商标的权利。法律只保护商标注册人专用的权利。需要注意的是,商标的独占使用权是有范围界限的。商标专用权只能在规定的范围有权使用。商标权人只能在品牌注册国的范围内、在该商标所指定的商品范围内享有独占使用权。但是,商标使用权的独占性并不排除通过合法渠道(如转让等)取得其使用权。

(2)商标的禁用权。

禁用权是指商标权人有权禁止他人不经过自己的许可而使用该注册商标的权利。也就是说,商标权人有权排除和禁止他人对商标独占使用权进行侵犯。如果他人将与商标人的注册商标相同或相近的商标使用在已注册的商标所指定的商品或类似商品上,商标权人有权请求工商行政管理部门进行行政处理或提起诉讼,有权要求停止这种侵权活动,赔偿损失,以维护商标权人的合法权益。

(3)商标的转让权。

转让权是指注册商标所有人有权将其享有的商标权依照商标法规定的程序转交给他人所有的权利。如此,原商标所有人就成了"转让人",接受这一注册商标专用权的一方则成了"受让人"。商标权的转让可以是有偿转让,也可以是无偿赠与,即受让人成为商标权的继受主体。但是,商标权的转让,要求受让人必须保证与转让人使用该商标的商品在质量上保持一致,这是商标转让的先决条件。值得注意的是,转让商标专用权,不能形成商标专用权的分割,这就要求转让商标必须把同一种或者类似商品上的相同或者相近似的商标(即防御性商标)一起转让,不得保留,以免形成商标权的两个所有人或两个权利主体。还需要注意的是,如果转让的商标已与他人签有商标使用许可合同,转让人(原商标权所有人)则需向受让人和被许可人说明情况,并协商一致意见后办理。不得因商标转让而损害被许可人的利益。

(4)商标的使用许可权。

使用许可权是指商标权人通过与他人签订使用许可合同,许可他人(被许可人)使用其注册商标的权利。商标使用许可是作为一种租借使用注册商标的契约形式出现的。它的出现,丰富了商标权的内容,也赋予了商标权人具有依法许可他人使用商标的权利。正因如此,商标权既包含了商标所有人专用,也包含了商标权人许可他人使用。但需注意,在实施商标使用许可过程中,必须将按照双方自愿互利原则签订的使用许可合同报商标局备案,同时要求被许可人保证其商品质量必须与许可人的商品质量一致。

2.商标权是一种知识产权

品牌或商标是企业的无形资产,是企业无形资产中"知识产权"项下"工业产权"的重要内容。商标权作为工业产权,它是知识产权的重要组成部分。因此,商标权具有知识产权的独占性、时效性和区域性等特征。

(1)独占性。

商标权是商标申请人依照一定的申请、审查、注册等法律程序而获得的对商标使用、转让、许可等方面的特殊权利。商标权一经取得就具有独占性。商标权的独占性又称专用性或垄断性,即指某注册商标的使用权只能归该商标权所有人才能享有商标使用权,未得到商标权所有人的许可,其他任何人不得擅自使用。独占性或专用权是商标权最主要的特征,其他特征都是围绕这一特征引发的。正因为商标权具有独占性,所以才常把商标权称作商标专用权。

(2)与商品的不可分割性。

依照《中华人民共和国商标法》(以下简称《商标法》)的规定,核准注册的商标必须具有商标权的客体专指商品,没有专指商品的商标无法表现商标权利。核准注册的商标与核定使用的商品是组成商标专用权的一个整体,两者不能分割,也不能改变,在两者同时具备的情况下,商标注册人才享有商标专用权,并且受到法律保护。这就是说,商标专用权以核准注册人才享有商标专用权,并且受到法律保护。这就是说,商标专用权以核准注册的商标及其核定使用的商品为限,或者说,法律保护的商标专用权范围仅限于该商标和登记在注册簿上的该商标的指定使用商品。在我国,商标注册采用国际分类标准,即将商品分为 34 类,服务分为 8 类,一共 42 个大类。按照我国商标注册"一类商品一件商标一份申请"的原则,在一份商标注册申请书中,只能申请注册一件商标,不能同时申请两件或两件以上,而且这一件商标也只能限定在一类商品之中,不能跨类申请。若使一个商标在 34 类商品中全部注册,就必须提出 34 件申请。

(3)时效性。

商标权作为知识产权,它具有严格的时间效力。商标经核准注册之后,在正常使用的情况下,可以在某一法定的时间内有效使用,受到法律保护。这一法定时间称为注册商标的有效期。绝大多数国家都规定了商标注册的有效期,即商标的保护期限。

(4)地域性。

商标权的地域性是指在一国核准的商标,其有效的、受保护的范围只在该国领域内,超出注册或注册地域,商标的专用权则不发生效力。也就是说,经过一个国家注册的商标,仅在该国法律管辖的范围内受到该国法律保护,其他国家对这一商标没有保护的义务。这对于要开拓国外市场的品牌来说,企业欲使自己的品牌获得目标市场所在国的法律保护,还必须按照规定到目标国及时申请注册,取得在该地域内受到法律保护的商标专用权。

3.商标受到法律保护，不允许侵权

由前述可知，商标权作为由国家确认的一种权利，它由注册产生，并以核准注册的商标与核定使用的商品为限。商标权人有权按照自己的意志处理其商标专用权，可以转让，也可以许可他人使用。如果他人侵犯商标权人的商标专用权，那么，商标权人可以依法要求法律的保护。这是世界各国商标法通用的准则。

商标权是商标法的核心。保护商标专用权也是世界各国商标立法的宗旨和核心。可以说，商标法主要就是围绕商标权的取得、商标权的利用、商标权的保护而制定的。商标专用权的保护范围，是区别和判断商标侵权与非侵权之间的一条根本界限，也是工商行政管理机构和人民法院正确区分侵权与非侵权、制止和制裁商标侵权行为的根本依据。商标侵权行为，即侵犯他人商标专用权的行为，通常是指他人出于商业目的，未经商标权人许可擅自使用其注册商标，或是把其商标的主要部分用作自己的商标，用在商标权人的相同或类似的商品上，以混淆商标，使消费者误认商标，进而欺骗消费者的行为。

4.2.2 品牌的法律保护

国家运用法律手段保护商标权，使商标权人的合法权益不受非法侵犯，这是商标立法的宗旨。依据《商标法》，商标权人在享有商标专用权的同时，还享有禁用权。《商标法》保护商标专用权，抵制和禁止一切商标侵犯行为的权利。商标权只有受到法律的严密保护，商标权人才能放心地依法使用品牌或商标，品牌或商标的功能与作用才能得到发挥，才能维护注册商标的信誉，保证商品质量，保护商标人的合法权益，维护市场经济运行的秩序。

1.商标权的及时获得

及时获得商标权是企业品牌战略的必要保障，也是品牌法律保护的基本前提。根据《商标法》第三条规定："经商标局核准注册的商标为注册商标，商标注册人享有商标专用权，受到法律保护。"这就是说，获得商标专用权，是品牌受到法律保护的先决条件。如果品牌不能及时注册，就不能获得商标的专用权，其品牌也不能受到法律保护。

依据我国法律规定，企业获得商标使用权，可以通过注册续展、转让购买和特许加盟等方式实现。

（1）及时注册，勿忘续展。

商标申请人按照商标规定的法定程序，将自己使用或将要使用的商标向商标局申请注册，经商标局审查核准，发给商标注册证，交纳规费后，商标申请人就获得了商标专用权，同时也受到商标法的保护。任何人未经商标人许可，都不得使用该商标，否则，即构成商标侵权行为，受到法律制裁。

必须指出，商标权的保护是有时间限制的。对此，各国的法律规定不尽相同：在英国及沿袭英国制度的国家，商标权的保护期限为 7 年；古巴、斯里兰卡、坦桑尼亚等国的保护期限为 15 年；而美国、意大利、瑞士、菲律宾等国的保护期限长达 20 年。我国现行的《商标法》规定，注册商标的有效期为 10 年，自核准注册之日起计算。如果商标的有效期即满，则应当在期满前 12 个月（按照《商标法》规定，最迟不超过有效期满后的 6 个月，即宽展期）内申请续展注册（注册商标有效期限按法定程序延续），每次续展的有效期为 10 年。

至于续展次数，商标法则没有限制。只要企业愿意并能在法定期限内及时续展，商标专用权就可以成为企业的一种长久的权利，进而受到法律的长期保护。

（2）通过转让购买获得商标权。

商标权转让是指商标权人依照法定程序，将其注册商标专用权转移给他人所有的行为。通

过商标权转让,原商标权人不再享有商标权,而受让人获得商标权,成为该注册商标的所有人,获得了完整的商标权。作为一种法律行为,商标权转让是指全部商标权转让,而不是部分商标权转让;商标权转让后,受让人使用该商标标底功能的商品(或服务),不能超过原来核定的使用范围;转让注册商标由转让人和受让人共同提出书面申请,并经国家工商总局商标局核准、公告;商标转让属于自由转让。商标转让的这些特点,使得转让成为企业获得商标权的一种有效方式。

在商标转让过程中,受让人要向商标人支付一定数额的转让费。由于这种有偿转让需要通过合同来实现,所以也常被称为有偿的合同转让,或简称合同转让。商标权转让,除了有偿转让形式以外,还有无需支付转让费的继承转让。作为无偿的合同转让形式,它是指原商标权人不复存在或丧失经营能力,由法定继承人无偿地继承其注册商标的法律行为。与合同转让一样,继承转让也可以使受让人获得注册商标的专用权,只是这种继承转让仅适合于受让人与转让人有继承关系情况下的商标权转让。一般认为,受让人在无偿地承受原商标权人法律地位的同时,自然也获得了原商标权人的商标专用权。

关于商标权的转让,无论是继承转让还是合同转让,都必须依法办理转让手续。只有依法办理转让手续,才能使商标权转让产生法律效力。

🔷 营销视点 4-1

杭州政府出资为著名景观和百年老店注册商标

清河坊、城隍阁、万松书院……日前,杭州上城区商贸旅游局将一批杭州的著名景观与百年老店注册成了商标。有关负责人表示,希望通过此举加强对这些老字号和老景点的商标和知识产权的保护。

杭州市上城区商贸旅游局招商办主任介绍说,杭州市特别是上城区历史人文积淀深厚,到处都是老字号、百年老店和著名人文景观。几年前,知名百年老店西乐园的商标一夜之间被他人恶意抢注,引发了社会各界的关注,一些人大代表呼吁,应该通过抢注商标等有效手段,对这些著名景观和老字号给予及时保护。

吸取了人大代表的建议之后,一项名为"百年老店、著名景观保护性注册"的工程随后展开。"3年来,我们共投入30多万元资金,涉及2000多种产品类别,注册了清河坊、城隍阁、大井巷、糖人朱、相国井等136个商标。现在,这些注册好的商标已经被我们无偿交付给老字号、老商号使用。"旅游局招商办主任说。

据悉,在对百年老店进行保护性商标注册的基础上,该机构目前又将工作重心转移到对辖区著名景观的保护性商标注册上来。

(3)通过特许加盟方式获得商标使用权。

特许加盟也是常用的一种获得商标使用权的可选方式。特许加盟是特许人与受许人之间的一种契约关系。根据契约,特许人向受许人提供一种独特的商业经营特许权,并给予人员训练、组织结构、经营管理、商品采购等方面的指导和帮助,受许人向特许人支付相应的费用。通俗讲特许经营是特许方拓展业务、销售商品和服务的一种营业模式。

其特点有以下方面:有一个特许权拥有者,即为加盟连锁的盟主;盟主拥有特许权,特许权可以是产品、服务、营业技术、商号、标示,以及其他可带来经营利益的特别力量;盟主和加盟者以合同为主要联结纽带;加盟者对其店铺拥有所有权,店铺经营者是店铺的主人;经营权盟主的总部,加盟者必须完全按照盟主总部的一系列规定经营,自己没有经营自主权;总部有义务教给加盟者完成事业的信息、知识、技术等一整套经营系统,同时授予加盟店使用店名、商号、商标、服务标记等一定的区域的垄断使用权,并在合同期内,不断进行经营指导;加盟者要向盟主交付一定的有偿费用,通常包括一次性加盟费、销售额或毛利提成等;盟主和加盟者是纵向关系,各加盟者之间无横向关系。

2.驰名商标的法律保护

驰名商标(well-known trademark)是国际上通用的、为相关公众所熟知的享有较高市场声誉的商标。驰名商标起源于《保护工业产权巴黎公约》(以下简称《巴黎公约》),现已为世界上大多数国家所认同。我国也是《巴黎公约》成员国。根据《巴黎公约》的规定,我国于 1996 年 8 月 14 日由国家工商行政管理局发布并实施了《驰名商标认定和管理暂行规定》,2003 年 4 月 17 日发布了《驰名商标认定和保护规定》。

(1)驰名商标具有超普通商标的保护力。

驰名商标为世界多数国家和地区所公认,但什么是驰名商标却未形成一致的概念。《巴黎公约》是这样定义驰名商标的:经过法定机构认定的,在一国或世界范围内具有相当的知名度和广泛盛誉的商标。我国的《驰名商标认定和保护规定》的第二条给驰名商标下了定义,即驰名商标是指在中国为相关公众所熟知的商标。所谓相关公众包括与使用商标所标示的某类商品或者服务有关的消费者,生产上述商品或提供服务的其他经营者以及经销渠道中所涉及的销售者和相关人员等。

与一般或普通商标相比,驰名商标有其独特的专属独占特征,主要表现为以下两个方面:

①驰名商标的注册权超越优先申请原则。世界上许多国家都实行品牌注册及优先注册(同一品牌,给予先申请者注册)的原则,我国也是如此。就一般品牌来说,只有注册后才受到法律的保护,不注册的品牌则不受法律保护。但是,驰名商标则不同,如果某品牌被商标主管机关认定为驰名商标,那么,按照《巴黎公约》的规定,即使驰名商标未注册,也在《巴黎公约》成员国内受到法律保护。即对驰名商标而言,他人申请注册的商标与驰名商标相同或相近似,即使在非类似产品上注册,只要该拟注册的商标可能损坏驰名商标所有人的权益,负责商标注册的部门(国家工商总局商标局)就会将其驳回,不予注册。不仅如此,驰名商标注册的优先权还表现在,即使他人经申请已获准注册,驰名商标所有人也有权在五年内请求法院裁决注册人撤销该注册商标。这个五年期限是《巴黎公约》的规定,也是我国《驰名商标认定和保护规定》中的规定;如果他人以欺诈手段恶意抢注,驰名商标所有者的撤销请求权不受时间限制。

②驰名商标的专用权跨越国界。驰名商标的专用权,不同于一般法律意义上的、有严格的地域性的商标专用权,而是超越本国范围在《巴黎公约》成员国范围内得到保护的商标权。如果某一商标在注册或使用国获得商标主管机关或其他权威组织(如最高法院或其法律机关)认定为驰名商标,即表明该商标得到《巴黎公约》的保护。按照《巴黎公约》对驰名商标专用权的规定,若某一商标构成对该驰名商标的伪造、复制或翻译而且用于相同或类似商品上,则应禁止其使用该商标(拒绝或取消其注册)。这些规定,还适用于主要部分系伪造、仿冒或模仿驰名商标而易于造成混淆的商标撤销。这种做法常被称为"相对保护主义",在大陆法系诸国被采用。在英美等国,驰名商标所有人不仅有权禁止其他任何人在未经许可的情况下在相同或类似商品上使用驰名商标,甚至有权将这一禁止使用其驰名商标的范围扩大到其他一切商品上。

可见,驰名商标不受注册限定(普通商标只有在注册后才能受到法律保护。但对于驰名商标,根据《巴黎公约》规定,如果成员国的商标主管机关认为是驰名商标,在成员国范围内,不管是否已经注册,都将受到该成员国的法律保护)、保护的地域范围更广(普通商标权在其获准登记注册的国家或地区范围有效,若要在国际范围内受到法律保护,还必须到国外注册;而驰名商标则受《巴黎公约》所有成员国的法律保护)、保护的范围更大(对于普通商标,它的保护范围只局限在注册时核定使用的商品范围,而对驰名商标的保护范围,则不仅包括注册时所核定的商品,而且还可能延伸到与指定商品完全不同的商品上。他人将与驰名商标相同或近似的商标使用在非类似的商品上,且会暗示该商品与驰名商标注册人存在某种联系,从而可能使驰名商标注册人的权益受到损害的,驰名商标注册人可以自知道或应该知道之日起两年内,请求工商行政管理机关予以制止)。

营销视点 4-2

"同仁堂"商标被抢注

"同仁堂"这个传诵了 330 年的老品牌,正是借助其"驰名商标"这一金字招牌才使其在日本失而复得。"同仁堂"问世于 1669 年,以"同修仁德"的理念从事药品经营,塑了良好的品牌形象。

"同仁堂"是消费者有口皆碑的真正的名牌,享誉海内外。也可以说,"同仁堂"是中华民族文化遗产的重要组成部分。就是这样的品牌,在受中华文化影响至深、颇信中医的日本却无法打开销路,原因是"同仁堂"品牌在日本已被他人抢先注册。中国的"同仁堂"欲进占日本市场,要么用重金收回本该属于自己的商标权,要么更易其名;否则,即侵犯他人商标权。不幸中的万幸是,"同仁堂"被国家商标局认定为驰名商标。拥有护身符的"同仁堂"依据《巴黎公约》中有关驰名商标可以受到特殊保护的规定,对"同仁堂"被抢注事件向日本商标主管机关提出争议裁定申请,使得"同仁堂"商标失而复得。

(2)驰名商标由国家工商行政管理总局商标局认定。

由于驰名商标在国际、国内市场上享受特殊的法律保护,所以,积极努力争取获得驰名商标认定是企业在开拓国内外市场过程中获得竞争优势的重要选择。在我国,驰名商标的认定由国家工商行政管理总局商标局负责。凡在市场上有较高知名度和较高的市场占有率的商标都可以申请认定驰名商标。

(3)驰名商标可防止其被用作他人企业名称。

品牌(或商标)与企业名称是两个不同的概念。品牌(或商标)是区别商品或服务不同出处的一种名称及其标记,而企业名称则是区别不同企业的标志。企业的品牌须到工商行政管理局商标局统一注册后才取得商标专用权;而企业名称在县以上工商行政管理局登记注册后就可以取得一定地域范围的企业名称专用权。可见,品牌(商标)和企业名称这两种专用权有不同的注册要求,也有不同的保护范围。但是,品牌(商标)与企业名称也不是断然无关的。

有的企业把企业名称的核心部分作为品牌并予以注册,如华北制药厂将"华北"注册了服务商标,钓鱼台国宾馆将"钓鱼台"注册了服务商标;也有的因品牌(或商标)知名而将品牌(商标)作为企业名称使用,如日本的"SONY"和中国的"海尔"等均属此种情况。

若企业的商标或驰名商标被他人用作企业名称,则会损害商标权人的利益或声誉。故此,企业需给予警示,并运用法律武器保护自己的合法权益。根据我国《驰名商标认定和保护规定》的规定,自驰名商标认定之日起,当他人将与该驰名商标相同或相近的文字作为企业名称的一部分使用时,且可能引起公众误认,工商行政管理机关不予核准登记;已登记的,驰名商标注册人可以自知道或应当知道之日起两年内,请求工商行政管理机关将侵权的商标予以撤销。

3.证明商标与原产地名称的法律保护

1994年12月30日,国家工商行政管理局公布了《集体商标、证明商标注册和管理办法》,2003年4月17日发布了新的《集体商标、证明商标注册和管理办法》。依照《商标法》规定,经商标局核准注册的集体商标、证明商标受法律保护。集体商标、证明商标被纳入《商标法》范围进行保护,扩大了《商标法》的保护范围,也使企业品牌运营多了一项可选择的策略。

(1)证明商标能保护权益人的合法权益。

证明商标,是指由对某种商品或者服务具有监督能力的组织所控制,而由该组织以外的单位或者个人使用于其商品或服务,用以证明该商品或服务的原产地、原料、制造方法、质量或其他特定品质的标志。依此概念,证明商标是商品或服务本身出自某原产地或具有某种特定品质的证明,借以区别商品或服务的不同产地、不同的特定品质,而不用以区别商品或服务的不同来源(来源于不同的生产经营者)。证明商标的注册人应该是具有监督能力的组织,而不是某个具体企业单位。注册人自身不能使用自己注册的证明商标,而必须由其以外的其他人来使用(只要当事人提供的商品或服务符合这一特定品质,并与注册人履行了规定的手续就可以使用该证明商标),注册人与使用人是分离的;证明商标是由多个人共同使用的商标。

证明商标用来证明其标定商品的特定品质,如纯羊毛标志,它作为证明商标,消费者见到它,就知道这个商品是由纯羊毛制成的。可见,证明商标有利于企业向市场推销商品,也有利于消费者选择商品。证明商标由具有监控能力的组织注册、管理,将证明商标置于法律保护之下,使生产经营者能够按照规定的条件生产商品、提供服务,保证商品与服务特定的品质,使证明商标的注册人和使用者有章可循,依法使用,使得证明商标具有保护权益人合法权益不受损害的作用。

证明商标和集体商标相似,但又有区别。第一,证明商标与集体商标都是由多个生产经营者或服务提供者共同使用的商标;但证明商标是表明商品或服务的质量达到规定的品质,而集体商标则表明商品或服务来自同一组织。第二,证明商标与集体商标的申请人都必须是依法成立、具有法人资格的组织。第三,证明商标与集体商标的申请人还必须对商品或服务的特定品质具有监督能力。第四,集体商标的使用限于该集体成员内部,该组织以外的成员不得使用;证明商标则比集体商标具有开放性,只要经营的商品或服务达到使用管理规则规定的特定品质,就可以要求使用证明商标。第五,集体商标的注册人可以在自己经营的商品或服务上使用集体商标;而证明商标的注册人却不能在其经营的商品或服务上使用该证明商标。第六,集体商标注册后不能转让;而证明商标注册后可以转让给其他依法成立、具有法人资格并具有监督能力的组织。

(2)原产地名称对特定品质的产品有特殊的保护作用。

原产地名称是《巴黎公约》保护标志中的一种。根据《保护原产地名称及其国际注册里斯本协定》中的定义,原产地名称是指一个国家、地区或地方的地名,用于指示一项产品来源于该地,其质量或特征完全或主要取决于地理环境,包括自然和人为因素。这表明,"原产地名称"虽是一个地名,但它已不仅仅是普通的地理含义了。当某个地名与某一商品联系起来,其商品的特定品质完全取决于当地的地理因素(包括当地的土壤、水、气候以及传统工艺)时,该地名就成为这一商品的原产地名称。如法国的香槟和干邑都是以法国地名命名,因当地的环境因素使其盛产的葡萄不同于其他地区生产的葡萄,加之当地几百年形成的传统酿酒工艺,使其生产的葡萄酒具有特定品质,所以香槟和干邑是"葡萄酒"原产地的名称,即香槟是法国 Champagne 这一地区生产的酒。干邑是法国 Cognac 这一地区生产的酒。

原产地名称使该地的生产、制造、加工者的共同财产处于"公有领域"之中,任何人只要符合规定的工艺标准,其生产、加工的商品达到"特定品质",在依法履行手续后均可使用。所以,原产地名称不能为某特定生产经营者作为商标取得注册或视为与其注册商标同样效力的标记而被专有或独占。但是,如果当某特定厂家在过去长期使用某一原产地名称作为其品牌在商品交换活动中产生了商标的"第二含义"时,则有可能被当做普通商标注册而受到法律保护,如茅台酒(茅台是我国贵州省内的地名,茅台酒商标于 1987 年被工商局核准注册),另外,泸州老窖、青岛啤酒等也都属于第二含义注册商标。

我国作为《巴黎公约》的成员国,有保护原产地名称的义务。依照《巴黎公约》的原则,我国酒类商品上应停止使用如法国生产的原产地地名香槟或 Champagne 字样的名称。依此,国家工商行政管理局于 1989 年发布了《关于停止在酒类商品上使用香槟或 Champagne 字样的通知》。

4.3 品牌的经营保护

品牌的经营保护,是指品牌经营者在具体的营销活动中所采取的一系列维护品牌形象、保持品牌市场地位的活动。不同的品牌,由于所面临的内部环境和外部环境的差异,因此其经营者所采取的保护活动也各不相同。但是,不论采取何种经营活动对品牌进行保护,都须遵循以下几项原则。

4.3.1 以市场为中心,迎合消费者需求

对品牌经营者而言,以市场为中心就是以消费者为中心。因为品牌不是经营者的品牌,而是消费者的品牌。品牌的经营保护与消费者的兴趣、偏好密切相关。如果品牌的内容不随着市场上消费需求的变化而作相应的调整,品牌就会被市场无情地淘汰。例如,宝洁公司的"佳洁士",该品牌在几年里已经换过好多次"改良新产品"的标签,不断迎合消费者的兴趣爱好。

以市场为中心就要求品牌经营者建立市场动态调控系统,随时了解市场上消费者的需求变化状况,及时地对品牌进行调整,只有这样才能确保品牌在市场竞争中不会处于劣势。

4.3.2 维持高品质的品牌形象

在提高品牌的知晓度时,需要依靠高品质,维护品牌形象;在保持品牌的市场地位时,也需要高品质。在市场上消失的品牌中,有些是假冒伪劣产品,而有些则是生产企业自身存在"皇帝女儿不愁嫁"的思想,引起产品质量下降而造成的。

维持高品质的品牌形象可以通过以下途径实现:

①评估产品目前的质量,例如,在品牌组合中,确定目前被顾客认为质量低的是哪些品牌?是整个品牌还是某个方面?企业的销售人员是缺乏训练还是缺乏与产品有关的业务知识?品牌经营者如果不能确定,那么就需直接询问顾客对该品牌与产品的质量有何意见。

②设计产品时要考虑顾客的实际需要。

③建立独特的质量形象。

④随时掌握顾客对质量要求的变化趋势。

⑤让产品便于使用。

⑥倾听顾客意见,对现有产品质量进行改良;倾听专家意见,以便在产品质量上有所突破。

4.3.3 进行品牌再定位

不管一种品牌在市场上的最初定位是如何适宜,但到后来品牌经营者可能不得不对它重新定位,因为竞争者可能继该品牌之后推出新的品牌,以削减该品牌的市场占有率。此外,消费者的兴趣偏好也许已经转移,使对该品牌的需求减少。因此,只有重新定位,才能保持该品牌。

在进行品牌重新定位的选择时,品牌经营者必须考虑两个因素。一个因素是将品牌转移到

另一细分市场所需的费用,该费用包括产品品质改变费、包装费和广告费等。一般来说,更新定位离原位置越远,则所需费用就越高;改变品牌形象的必要性越大,所需的投资也就越多。另一个因素是定位于新细分市场的品牌能获得多少收益。收益的大小取决于有偏好的细分市场的消费者人数、这些消费者的平均购买率、在同一细分市场内已有的竞争者数量和实力,以及在该细分市场内为品牌所要付出的代价。

4.3.4 保持品牌的独特性

品牌是企业拥有的无形资产,在市场上享有知晓度、美誉度的品牌能给企业带来巨大的经济效益。只有在保护品牌独立性的前提下才能维持品牌形象,使品牌不断得以发展、壮大。品牌的独立性是指品牌占有权的排他性、使用权的自主性以及转让权的合理性等方面的内容。

占有权的排他性是指品牌一经注册,就成为企业财产的一部分,归本企业独家占有,其他企业或产品不得重名。

使用权的自主性是指品牌经营者有自主权地使用自己已经注册的品牌,自主地开展品牌营销调查,进行品牌推广和品牌延伸,以提高品牌的知晓度,增加消费者的品牌忠诚。

企业可以将自己的品牌依照法定程序转让给其他企业。转让时要有利于维持品牌形象,提高品牌的市场占有率。例如,在上海,很少有人不知道张小泉。地处南京路上的上海张小泉剪刀总店于1956建店。该店在全国拥有众多的销售网点,货物品种之多堪称全国第一。德国双立人与上海张小泉谈判时,在一个关键问题上无法达成一致。德方坚持双方合资后企业只能全部使用双立人品牌;中方则强调合资后的企业应生产两种品牌的剪刀,一种属于高档的“双立人”,另一种是符合中国内地多数人消费水平的“泉”字牌产品。当时德国人明确表示,后一种的钱他们不赚,而要靠“双立人”赚超额利润。“张小泉”不愿放弃自己的“泉”字牌老字号,双方因此没有达成协议。

上海张小泉认为,如果在合资中放弃“泉”字牌,就眼前而言是有利可图的,但从长远看,则后患无穷,绝不可取,因为这将使民族企业丧失阵地。

4.4 品牌资产的自我保护

品牌除了注意法律保护和经营保护之外,还要注意自我保护。品牌自我保护是指品牌所有人在品牌经营中通过可控的方法维护自身的合法权益,并使品牌免遭伤害的过程。品牌自我保护涉及保护的类型及如何进行品牌保护内容。品牌自我保护主要有以下类型:

1.技术方面的自我保护

品牌技术方面的自我保护是指品牌所有人以技术为手段对品牌实施保护的过程。它包括技术领先、技术保密和技术标准等手段。

(1)保持技术领先。

技术领先是企业产品名牌地位赖以确立和长久维持的先决条件。技术领先意味着在相同市价条件下,企业提供的产品比同类竞争产品具有更多的功能和更优的品质,能给消费者带来更多的价值和效用,使之产生“物有所值”乃至“物超所值”的满足感;能将广大的消费者吸引在自己周围,促使他们对企业产品形成品牌偏好。技术领先还意味着企业凭借其对先进技术的创造与把握,能以最新的理念、材料、工艺与方法,不断开发出先人一步或高人一等的新产品,执掌产业发展牛耳,引领消费潮流变化,从而使竞争者只能望其项背,而不敢贸然触犯。日本索尼公司在这方面的动作就是比较成功的。

（2）严格技术保密。

差异化是现代企业参与市场竞争的战略之一。差异化的实质就是形成企业产品独有的特色，以明显区别于竞争者提供的同类产品，从而形成某种相对垄断局面，在激烈的竞争中赢得一席之地。产品差异可以存在于多个方面，但相当一部分企业产品与其独特的原料、配方、工艺或其他技术秘密有关。可口可乐自 1886 年诞生以来，因其独特的口味而逐渐风行全球。可口可乐公司现已成为世界上最大的软饮料厂商，日销量达 2 亿多瓶，其中 70％以上的营业收入来自美国本土以外的世界各地。其实，可口可乐生产工艺并不复杂，关键是在其神秘配方上。可口可乐的成功在很大程度上得利于其 100 多年来严格的技术保密。与此相反，由于缺乏保密意识，我国一些传统产品，如景泰蓝等的配方被人窃取，丧失了在国际市场上的长期垄断地位令人十分痛惜。

（3）统一技术标准。

在激烈的竞争中，一些拥有良好效益和品牌声誉的公司往往会突破原有企业、地域乃至国界的局限，通过购并、控股、合资、联营、承租乃至纯粹的品牌特许方式，将生产扩大至别的单位或允许他人有偿使用本企业生产产品，以求获得更多的市场份额和利益。必须牢记的是，质量是品牌的生命，企业在扩大生产规模时一定要视自己的控制能力而行，对特许单位坚持统一的技术要求，严格按母公司的质量标准组织生产，决不能因盲目追求规模而牺牲企业品牌声誉。我国北方一家啤酒企业，20 世纪 80 年代中期已成为全国啤酒业几大名牌之一。后因盲目在各地发展联营，而对联营厂啤酒质量又无法控制，致使大量贴着母公司商标、质量又达不到要求的劣质品流向市场，严重损害了母公司的品牌声誉。短短几年工夫，一个兴旺发达的企业因盲目扩大生产规模而陷入重重危机，其教训极为深刻。

营销视点 4-3

景泰蓝失密

日本某首饰厂想要仿造中国的景泰蓝，始终没有成功。最后他们用重金收买了一个华侨，让他到中国去窃取景泰蓝的制作工艺技术。那个华侨回到中国，以代理商的身份要求参观景泰蓝的制作过程。接待部门替他做了安排，厂方殷勤接待了这位"代理商"，让他参观了工厂，并将工艺制作的过程拍摄了照片。这个华侨顺利地完成了日本人交给的任务，那家日本工厂不久就制造出标上日本制造的景泰蓝在国际市场上和中国竞争。景泰蓝制作工艺的泄密，给中国造成难以估量的损失。

2. 生产方面的自我保护

生产方面的自我保护包括按有效需求组织产销、审慎开展品牌延伸经营两个方面。

（1）按有效需求组织产销。

在现实生活中，由于一些商品固有的消费周期或更新周期、厂商普遍差异化经营以及消费者购买力增长有限等条件制约，企业面对的往往是一个扩张潜力有限的市场需求。在此情形下，为维持企业品牌已有良好形象，就不宜盲目扩大产销，一味地降价竞销，更不宜片面追求一时的市场占有率。对名牌企业来说，即使在激烈竞争的市场环境中，也应保持清醒头脑，坚持自己产品特有的品位、风格与个性。按照目标市场的有效需求，有计划地安排销量，巧妙维持供求平衡，甚至可能刻意营造一定程度的需求饥饿状态，保持旺盛的市场需求，可避免因扩产过量而最后不得不降价竞销，导致品牌声誉受损的不良后果。英国劳斯莱斯高级轿车的名牌形象，就是通过长期坚持的厚利限销政策实现的。

（2）审慎开展品牌延伸经营。

在现代社会,企业往往从专业化经营起步,经过若干年艰苦努力之后,一些企业获得了成功,并在行业中有了相当地位,其品牌也有了较大影响。为了谋求进一步发展,不少企业走上了多元化经营道路,有的甚至涉足了与所在产业毫无关联的新行业,如卷烟厂涉足制药业,电器厂涉足建材业,制造商涉足酒店业等。出于对节约新产品市场开发费用的考虑,不少企业实施了所谓品牌延伸战略,将老产品的成功品牌嫁接到新进入行业的产品上。但隔行如隔山,各个行业有各个行业的特点。企业在某个行业获得成功,不等于在其他行业也能取得成功,其间风险很大,稍有不慎就有可能掉入"多元化陷阱"。盲目地开展品牌延伸,一旦新行业开发不成功,不但新行业受挫,还会殃及老产品,伤害企业来之不易的品牌形象。

IBM曾经投资数十亿美元将品牌延伸至复印机产品,施乐为了反击,同样耗费十几亿美元将品牌延伸到PC领域。尽管它们在各自的领域都是领导性的强势品牌,但仍旧在其不擅长的行业败得七零八落。很多品牌延伸并未如预期实现业绩延伸,这是在决策中缺乏系统周密考量的结果。

3. 市场方面的自我保护

市场方面的自我保护包括恰当选择营销渠道、重视产品销售保证、保持价格控制权三个方面。

（1）恰当选择营销渠道。

除了部分直销企业外,多数企业的产品都要通过一个或几个中间环节才能最后送达目标市场的顾客手中,这就有了渠道与中间商的选择问题。对名牌企业来说,渠道选择不仅关系到产品的流通效率与利益分割,而且关系到品牌声誉。如果说人们在儿女婚配上讲究门当户对,那么,对拥有良好品牌的企业而言,则应该注重中间商的实力、地位与声望,不能让自己的"靓女"嫁个"丑夫婿"。

一些商品只能在一定的场所出售,这是现代厂商应当遵循的商业原则,特别是像服装、首饰、工艺品、化妆品、字画等讲究品位与身价的商品尤为如此,皮·卡丹、鳄鱼等名牌服饰,就只在大型百货公司与厂商特许的专卖店展卖,其他商业场所是见不到的(如果有,则通常是仿冒产品)。企业如此做的目的在于维持产品的名贵形象,吸引那些欲跻身"上流社会"的男女前去购买。相反,对那些以广大消费者为对象的日用品,渠道选择应以强调商品的市场渗透力为要求,尽量接近民众并方便其购买。正因此理,人们才可在包括小摊贩在内的各种营业场所见到可口可乐、娃哈哈、喜之郎、旺旺食品及两面针牙膏、力士香皂这样的产品。

（2）重视产品销售保证。

在现代条件下,销售保证甚至比产品品质本身更重要。对许多商品而言,特别是对那些价值较高的机器设备和耐用消费品而言,人们的购买选择往往取决于企业提供的销售保证程度。因为在较成熟的产业市场上,各厂商提供的产品品质并无太大区别,品牌往往是人们购买时的首选因素。销售保证首要的内容是退货自由,向买主免费或优惠提供的送货、安装、维修、培训、零配件供应等也都非常重要,名牌企业无一不是高度重视销售保证。IBM的品牌优势在很大程度上是建立在其可靠而及时的售后服务上。海尔电器之所以能在短短十多年里成长为中国家电业的龙头老大,除了其优异的产品质量外,还在于它所提供的完美服务。海尔产品的上市是以其相应服务保证为前提的,凡相应服务一时达不到的地方,海尔公司宁肯暂时放弃。

（3）保持价格控制权。

价格也是企业品牌保护要点之一。价格不仅关系到企业利润,而且对企业品牌形象产生影响,因为一定的品牌是与一定的价格水平相联系的。厂家尽可能将价格控制掌握在手中,保持市场价格的统一性和相对稳定性,以维护产品品牌的声誉。统一性是指在同一区域同一业态的商场中,产品按统一价格出售,要求商家严格执行,不允许经销商随意变价,更不能放任恶性降价的竞争。否则,商家的损失是一时性的,而给生产商带来的伤害则可能是久远的。维持价格的统一性,除了生产商有雄厚的实力和良好的产品销路外,还在于其定价要科学合理。这就要求企业根据区域内各种业态合理的经营费用、赢利要求并结合要货数量有差别地加以规定,而不是简单按商家每次购买数量随机确定。目前,一些厂家实行的、要求商家按指定的价格销售产品,再根据其销量多少给予推销奖金或按比例返利就是维护企业统一价格的有效办法。

保持价格的相对稳定性对维护品牌声誉也非常重要。价格随意变动,朝令夕改,不仅让商家难以适从,而且易给消费者以企业不严谨甚至投机取巧之嫌。企业定价要有战略眼光,应根据产品长期成本和赢利要求确定,而不是随短期因素变化作频繁调整。一般而言,企业促销也不宜直接采用变价手段,而是以相机采取奖售返还、附量馈赠、增加服务或其他变通办法为好。

品牌自我保护要求企业具有战略观念,将其具有商场发展前景的商品品牌及时注册,使之成为受法律保护的商标,并积极预防他人抢注。

4.5 品牌自我保护的方法

对品牌进行保护,除了在上述各方面予以注意之外,还要掌握品牌自我保护的方法。综观国内外品牌保护的经验,可以借鉴的方法有如下几种:

1.积极开发和应用专业防伪技术

有些产品品牌包装的技术含量低,使制造者伪造极为容易,这是有些品牌的假冒伪劣产品屡禁不止的一个重要原因,所以必须采用高技术含量的防伪技术,从而有效保护企业品牌。

(1)防伪技术的概念、分类及技术类型。

所谓防伪技术,是指能增加加工难度、降低其制造仿真度的技术措施或手段。

防伪技术可以从不同角度进行分类:①从功能上分类,分为保真防伪和辨假防伪,也就是人们通常所说的积极防伪和消极防伪;②从应用领域分类,分为产品防伪、标识防伪、信息防伪;③从防伪技术使用与辨识的范围分类,分为公众防伪(明防)、专业防伪(暗防)、特殊防伪三种。

防伪技术主要包括以下类型:①物理学防伪技术,也就是应用物理学中的结构,如光、热、电、磁、声以及计算机辅助识别系统建立的防伪技术;②化学防伪技术,即在防伪标识中加入在一定条件下可引起化学反应的物质;③生物学防伪技术,是指利用生物本身固有的特异性、标志性为防伪的措施;④多学科防伪技术,也就是通过两种或两种以上学科方法的综合利用来实施防伪;⑤商标的综合防伪技术。

(2)企业开发和应用防伪技术的有效途径。

①企业自己独立开发和应用防伪技术。

②企业与专门防伪技术部门合作开发和应用防伪技术。

③企业直接向防伪专业部门定购已开发出的防伪技术产品。

不论哪种防伪方法,只要行之有效均可采用,或者结合采用。采用现代高科技含量的防伪技术是有效保护品牌的重要手段,这要求企业品牌经营者们能够有清晰的认识,保持高度的警惕,并综合运用多种高科技尖端技术,使一般人难以仿制。

例如,娃哈哈纯净水就采用了电子印码、激光防伪、图案暗纹等多种防伪技术。事实上,世界上几乎所有的知名品牌都采用了各种防伪标志,对保护自己的品牌起到了一定的积极作用。

2.运用法律武器参与打假

但是从实际看来,仅靠防伪措施的力度还不够,企业还应积极打假,把防伪与打假结合起来。

(1)提高认识,立足长期打假。

假冒伪劣作为一种社会公害,是会长期存在的,不可能一谈打假,假货就会退出市场。打击假冒伪劣是一场长期的、持久的战斗,企业经营者们要有长期作战的思想准备。

(2)多投入人力、物力打假。

打假要花费人力、物力、财力。云南玉溪卷烟厂生产的红塔山香烟,被称为中国的"万宝路",深受消费者欢迎。但是,全国除西藏、新疆外,各地都已发现假冒的"红塔山"香烟,仅1992年1月至11月,该厂用于打假的费用就高达500万元。西安太阳食品集团生产的"太阳"牌锅巴,曾经畅销全国。1990年,锅巴的产值已达1.85亿元,创利税3000万元。随着大量假冒"太阳"牌锅巴的出现,正宗"太阳"牌锅巴市场遭到严重冲击,每月销售量由3000吨猛降到每月300吨。该公司为了更新防伪技术,两年四次就耗资近600万元。所以,要打假就需要大量的资金投入。

(3)成立专门的机构,有组织地进行打假。

假冒伪劣历来都是一个毒瘤,渗透在市场的每一个角落,若没有专门机构和人员去打假,其效果会大打折扣。鉴于此,我国许多知名企业都吸取了被假冒的沉痛教训,成立了专门打假机构,配备专职打假人员,积极参与打假,取得了显著成效。

企业必须加强对知名品牌商标的管理,制定专门的商标管理制度,把商标管理纳入全面质量管理之中。对商标的使用、标识的印制、出入库、废次品标识的销毁等,都要进行严格管理。企业应设立科学、完善的商标档案,设立专门的商标管理机构,配备熟悉商标知识和商标法规的管理人员,使他们成为品牌的捍卫者。此外,还可以向消费者普及品牌的商品知识,以便让消费者了解正宗品牌的产品;与消费者结成联盟,协助有关部门打假,从而组成强大的社会监督和防护体系。

3.严守品牌机密

当今世界是信息的世界,谁掌握了信息,谁就拥有主动权。在知识经济时代,信息可能比资产更为重要。在和平年代里,经济情报已成为商业间谍猎取的主要目标,严酷的现实要求品牌经营者必须树立信息观念,高度警惕,妥善保护自己品牌的秘密,防止泄密。

(1)要有保密意识。

当今社会,各种间谍技术高超,获取信息的手段发达,使得品牌秘密很难保住,稍不留神,就会给品牌造成不可估量的损失。有时重要信息的失窃是在没有保密意识下由不自觉的行为造成的。20世纪80年代末,我国成功地发射了一枚一箭多弹火箭,在国际上引起了强烈反响。国外情报机构纷纷派情报人员搜集相关资料,但却一筹莫展,我国有位工程师在某全国大报上发表文章,详细介绍了这次火箭的发射情况,情报间谍们大喜过望,不费吹灰之力就获得了相关资料。

与上述情况相反,旭日升冰茶的配方却保存得异常完好,河北旭日集团由一家乡镇小企业跃升为20世纪末中国茶饮料的领头羊,其秘诀就是其生产的旭日升茶饮料系列另辟蹊径。该公司针对专利法的年限规定,没有申请产品专利,而是采取所有员工只了解部分工序,配方锁在公司保险库内,钥匙由两人分管等措施,使该品牌配方得以保存。也正因为此,旭日升系列茶饮料才能在20世纪中国饮料行业中异军突起,成为茶饮料企业的明星。

(2)谢绝技术性参观和考察。

经调查显示,在世界上的每一项新技术、新发明领域中,有40%左右的内容是通过各种情报手段获得的,而许多经济间谍正是打着参观的幌子来窃取情报的,所以,品牌经营者有必要谢绝技术性参观和考察。

对于无法谢绝的参观,各企业通常需要采用专人陪同,进行监视,防止技术秘密外泄。一次,一批日本客人到法国一家著名的照相器材厂参观,在观看一种新的显影溶液时,一位客人俯身靠近盛溶液的器皿。精明的陪同人员发现,这位日本人的长领带已沾到了溶液,马上向一位服务员吩咐了一番,当那位日本人走出实验室门口时,服务员马上走到他跟前说:"先生,您的领带脏了,请换条新的。"随后递上一条崭新的领带,保住了新型显影溶液的配方。

(3)严防家贼。

正所谓"明枪易躲,暗箭难防",品牌的失密常常是自家人所为。家贼又可分为两种:一种是竞争对手派来的卧底;另一种则是企业的技术人员,窃取机密是为了获取更高待遇而跳槽到竞争对手那里去的。针对这两种情况,必须严格限制接触品牌秘密的人员的范围。

4.避免互相杀戮

随着经济的发展和市场繁荣,品牌之间的竞争日益激烈。1992年我国就有了中原商城大战,1993年变成矿泉壶品牌大战,1997年惊爆VCD品牌大战,1999年又有了水制品品牌大战,2001年又出现了房地产品牌之战,竞争自然是无可避免的,但绝对要采取正当的竞争手段,坚决避免品牌间的互相杀戮。

(1)切忌互相搞降价比赛。

价格是商品价值的货币表现形式,消费者常以价格高低来判断商品质量的好坏。降价是一种极为有效的促销手段,可以增加企业产品的销售工作,我国的民族企业更是把它作为杀手锏使用。格兰仕几乎每日降价,清洗整个微波炉市场;联想集团、清华紫光用降价占领笔记本电脑市场;国美的发展壮大就是靠价格战取胜的。然而价格绝不是万能工具,它极易破坏消费者的品牌忠诚,也使品牌经营者受到了巨大损失。

1992年的中原商战,最后也演变成降价大比武,先是紫荆商标推出"同类商品全市最低价格",而后,商城大厦把价格降到不能再降的地步,华联、商业大厦也不甘寂寞加入战团,亚细亚更是喊出"只要你比我价格低我就再降价"的口号。由此,郑州陷入了前所未有的价格大战,其结果是利润下降,名誉受损。若不是后来商家们醒悟过来,恐怕都得全军覆没了。

(2)切忌互相攻击。

品牌经营者们在激烈的市场竞争中不应攻击竞争品牌,更不能互相诋毁;否则,很容易两败俱伤,搬起石头砸自己的脚。

前些年,麦当劳快餐店曾在荷兰各地推出一系列促销广告,其中一则广告上醒目地写着"不!不! 不要吃中国餐",这一变态招数立刻引起荷兰华人社团的严重抗议,他们与法律顾问取得联系,准备诉诸法律,该广告拙劣的攻击行为使得麦当劳的形象和声誉都受到了严重的损害。

本章小结

本章论述了品牌资产的保护。品牌经营一旦成功,其品牌资产就会水涨船高,对其进行侵犯的可能性也大大增加。本章较全面地介绍了品牌资产保护的含义、类型、内容和方法。品牌保护是指企业在品牌运营中所采取的一系列维护品牌市场竞争优势的活动。它包括以下内容:巩固提高品牌的竞争力与市场影响;延长其市场寿命;维持品牌与消费者之间的长期忠诚关系,树立良好的品牌形象;促进品牌资产不断增值。品牌保护应包含三个方面的内容,即品牌的法律保护、品牌的自我保护、品牌的经营保护。品牌的法律保护是指从法律制度上对品牌所有人和合法使用者的品牌实行资格保护措施,以防范来自各方面的侵害和侵权行为。要成功地对品牌进行法律保护就要及时获得商标权、对驰名商标进行保护,等等。

品牌的经营保护,是指品牌经营者在具体的营销活动中所采取的一系列品牌形象、保持品牌市场地位的活动。在经营活动中,要对品牌资产进行保护,要做到以市场为中心,迎合消费者需求,维持高质量的品牌形象,同时在适当的时候要对品牌进行再定位。

品牌除了注意法律保护和经营保护之外,还要注意自我保护。品牌自我保护涉及保护的类型,以及如何进行品牌保护等内容。品牌自我保护是全方位的,即要在技术、生产和市场等三个方面进行自我保护。

品牌自我保护的方法有专业防伪技术保护、运用法律武器进行保护以及在经营中严守品牌机密等。

案例分析

侵犯"十佳"商标权案
案　情

原审审理查明如下事实

"十佳"注册商标专用权原为中国体育服务公司(简称体服公司)所有,该公司口头允诺十佳厂无偿使用"十佳"注册商标。1992年8月30日,"十佳"商标注册人变更为体旅公司。十佳厂未与体旅公司达成注册商标使用许可协议,自1992年9月至1994年10月仍使用"十佳"注册商标。此间"十佳"与"奥星"牌运动衣营业额共计1200万元,利润率10%以上,但是无法确定两种商标运动衣各自的销售金额。

一审法院据此认为

十佳厂明知"十佳"商标注册人由体服公司变更为体旅公司,未经体旅公司许可继续使用"十佳"注册商标,构成对"十佳"商标专用权的侵犯,应当承担相应的民事责任;鉴于十佳厂未能明确其自1992年9月以来"十佳"牌运动衣的销售金额且未能对此举证的情况,参照服装行业正常经营的利润及体旅公司遭受不法侵犯信誉损失和其他经济损失共计20万元;驳回十佳厂的诉讼请求。

十佳厂不服,向二审法院提出上诉时称:十佳从体服公司购进"十佳"商标,是体服公司允许使用的,"十佳"商标转让前后,体服公司及体旅公司均未与十佳厂协商购入的"十佳"商标标识如何处理的问题,由此,十佳厂继续使用已购入的"十佳"商标标识不构成侵权;一审法院未查清"十佳"运动服的销量即判决赔偿体旅公司20万元不妥。请求二审法院予以改判。体旅公司服从原审判决。

二审法院终审审理查明如下事实

"十佳"注册商标专用权原为体服公司所有,该公司曾与十佳厂达成口头协议,允许十佳厂使用"十佳"注册商标标识,用于生产"十佳"牌运动衣。1992年8月30日,"十佳"商标注册人变更为体旅公司。1992年8月28日至30日,体旅公司召开"十佳"企业集团预备会。体旅公司在会上向到会人员分发了《"十佳"运动系列用品集团章程》,以及体旅公司加盖了公章的商标使用许可合同和空白的商标使用许可合同备案表,要求与会人员自愿签订。十佳厂厂长参加了这次会议,但未与体旅公司签认商标使用许可合同。此后,体旅公司与十佳厂未再就"十佳"注册商标使用问题进行过协商。1994年8月4日,体旅公司在《北京日报》发现一篇报道十佳厂生产十佳运动衣的文章。1994年8月17日和26日,体旅公司又从十佳厂门市部购买到"十佳"牌运动衣。据此,体旅公司向法院起诉。一审法院在审理期间曾主持当事人双方对十佳厂财务账目进行核对。查出 1992 年 9 月至 1994 年 10 月十佳厂销售"十佳"牌运动衣和该厂于 1991 年 1 月 30 日注册商标为"奥星"牌运动衣各自的销售金额。

二审法院另查明如下事实

十佳厂从体服公司购买的"十佳"商标标识的发票上均加盖了中国体育服务公司运动用品公司(以下简称体服运动用品公司)的财务专用章。体服运动用品公司是体服公司的下属公司,该公司为体服公司贸易部的对外名称。体服公司贸易部一直代表体服公司与十佳厂履行口头商标使用许可合同。因此,十佳厂向体服公司购买"十佳"商标时,均在发票上加盖了体服运动用品公司财务专用章。

原审判理和结果

二审认为,体旅公司从体服公司处受让"十佳"注册商标,符合法律规定,体旅公司取得了"十佳"注册商标的专用权。体服公司与十佳厂达成的口头商标许可使用协议,虽不符合法律规定的商标许可使用合同的形式要件,但双方一直按约改造,在事实上已经形成了商标许可使用关系。十佳厂事实上取得了"十佳"注册商标的使用权。体服公司在向体旅公司转让"十佳"注册商标前未就转让后的商标使用问题与十佳厂协商。体旅公司在受让"十佳"注册商标时明知十佳厂与体服公司之间存在"十佳"注册商标的使用关系,亦未与体服公司和十佳厂就转让后的"十佳"商标使用问题及商标标识的处理进行协商。因此,体旅公司对自己受让"十佳"注册商标后,十佳厂仍使用从体服购买的"十佳"商标标识生产十佳牌运动衣的做法负有一定责任。十佳厂在此期间使用"十佳"商标标识生产十佳牌运动衣,不宜视为对体旅公司"十佳"注册商标专用权的侵犯。但是十佳厂今后继续使用"十佳"注册商标,应与体旅公司签认商标使用合同,否则会对体旅公司的商标专用权造成一定的损害,所以十佳厂应停止对"十佳"注册商标的使用。综上所述,一审法院认定事实和适用法律均有错误。依据《中华人民共和国民事诉讼法》第一百五十三条第一款第(二)项、第(三)项的规定判决:一、撤销一审判决;二、北京市十佳运动衣厂停止使用"十佳"注册商标;三、驳回中国国际体育旅游公司的其他诉讼请求。一审诉讼费 5510 元,由北京市十佳运动衣厂分担,二审诉讼费 5510 元,由中国国际体育旅游公司分担。

申请再审理由和结果

申请再审人体旅公司不服二审判决,向最高人发法院申请再审称:体旅公司在受让"十佳"注册商标后,明确要求与使用商标的厂家签认商标使用许可合同,而十佳厂明知此事却未作表示。因此,双方就"十佳"商标许可使用的合同关系并未成立,依据《商标法》第三十八条第一款第(一)项的规定,十佳厂的行为应构成商标侵权。二审判决认为十佳厂行为"不宜视为"侵权,没有法律依据。

最高人民法院经审查,以法知(1997)30 号函请北京市高级人民法院对此案进行复查。

案例思考题

1.二审法院对案件的认定和处理是否合理?

2.二审法院认为体旅公司对十佳厂继续使用"十佳"商标负有一定责任是否符合事实和法律?

3.你认为三审法院在适用法律上是否适当,请谈谈理由。

关键术语

品牌法律保护　　　　　品牌经营保护　　　品牌自我保护　　　　　　驰名商标

品牌保护　　　　　　　　注册商标　　　　　　商标的独占使用权　　　　知识产权

商标的使用许可权　　　　商标所有权　　　　　商标专用权　　　　　　　商标禁用权

思考题

1.品牌资产保护有几种类型？

2.品牌自我保护应注意哪些问题？

3.品牌的经营保护应如何进行？

4.品牌的法律保护涉及的内容有哪些？

5.谈谈商标权与知识产权的关系。

6.谈谈品牌保护的机制。

第5章 | 品牌危机管理

本章提要

对于竞争中的品牌来说,危机就像死亡和纳税一样不可避免。尽管危机发生的时间和环境不同,但任何危机的出现往往都具有突发性、破坏性、欲望性、聚众性和持久性。如果对各种突发危机的事件处理不当,就有可能使一个正在走俏的品牌,抑或是有百年历史的品牌,一下子跌入冷宫,甚至就此消失。因此,在管理学上就提出了品牌危机的管理课题。然而长期以来,人们对品牌危机管理却没能引起应有的重视和研究,我国国内品牌也普遍缺乏危机管理经验,"成功时得意忘形,危机发生时手足无措"是其真实的写照。

本章的目的在于通过对品牌危机管理的学习,掌握品牌危机管理的理论和知识,并学习在实践中处理危机的技能。

引导案例

一个靠30万元起家的民营企业——三株公司,连续创造了三年的销售神话。其销售额从1994年的1.25亿元猛增至1996年的80亿元,短短三年就提高了64倍,这是不是神话? 但这个神话却被1996年湖南省常德市陈然之的一场官司浇得无影无踪。

这场始料不及的突发事件,暴露出三株公司对危机管理的乏力和不足,造成直接经济损失为40亿元。

1999年,湖南高级法院作出终审判决,常德陈然之诉讼案,三株公司胜诉,常德事件就此画上了句号。就三株而言,虽终胜诉,但却成了事实上的失败者——神话再也无法延续下去了,三株的品牌形象、企业形象也因此大打折扣,企业就此一蹶不振。

5.1 品牌危机概述

当今时代是一个科技进步和信息爆炸的时代。一方面,科技进步增加了企业各项产品的内在复杂性,从而使得企业难以把握自身产品潜在瑕疵可能导致的产品责任;另一方面,企业的品牌经营活动处在一个透明度日益增大的空间里,信息充分披露并在全球范围内迅速传播。在这种背景下,企业只有进行全方位的、全过程的品牌管理,才能提升其品牌的整体价值。品牌危机管理,从品牌危机预警系统的建立到危机后品牌重振的全部管理活动过程,是摆在品牌经营者面前的一个重要课题。

危机管理作为一门科学,其发端可以说始于1962年的古巴危机,哈佛大学肯尼迪政府学院时任院长艾理森(G. Allison)据此写出《决策的本质》(The Essence of Decision)。到了20世纪90年代,罗伯特·希斯(Robert Heath)的专著《危机管理》一书,从危机管理的各个方面进行了较全面的探讨和研究。我国国内学者也开展了一些这方面的研究,比如吴宜蓁曾对我国台湾地区的危机管理进行了较为详细的梳理,并出版专著《危机传播——公共关系与语艺观点的理论与实证》,而内地也出版了许多关于危机管理的文献,比如朱德武编著的《危机管理:面对突发事件的抉择》、苏伟伦编著的《危机管理:现代企业实务管理手册》等。

5.1.1 危机管理的基本理论

1.品牌危机的定义

在了解品牌危机之前,需要了解危机的概念。

根据罗森塔尔(Rosenthal)的定义,危机就是对一个社会系统的基本价值和行为准则架构产生严重威胁,并且在时间压力和不确定性极高的情况下,必须对其作出关键决策的事件。

赫尔曼(Charles F. Hermann)将危机定义为一种形势,在这种形势中,决策者的根本目标受到威胁,作出反应的时间有限,形势的发展出乎决策者的意料。

福斯特(John Bellamy Forster)认为,危机具有四个显著特征,即急需快速决策、严重缺乏训练有素的员工、严重缺乏物质资源、时间极其有限。

巴顿(Laurence Barton)提出,危机是一个引起潜在负面影响的具有不确定性的大事件,可能对组织及其员工、产品、服务、资产和声誉造成巨大的损害。巴顿明确地将危机的影响扩大到组织及其员工的声誉和信用层面,并认为组织在危机中的形象管理是非常必要的。

班克斯(Fern Banks)对危机的定义与巴顿有近似之处,认为危机是对一个组织、公司及其产品或名声等产生潜在负面影响的事故。

里宾杰(Otto Lerbinger)将危机界定为:对企业未来的获利性、成长乃至生存发生潜在威胁的事件。他认为,一个事件发展为危机,必须具备如下三个特征:一是该事件对企业造成威胁,管理者确信威胁会阻碍企业目标的实现;二是如果企业没有采取行动,局面会恶化且无法挽回;三是该事件具有突发性。里宾杰的定义尽管是针对企业提出的,但实际上对人类社会组织都具有借鉴意义。

斯格(Seeger)等人认为,危机是一种能够带来提高不确定性和高度威胁的、特殊的、不可预测的、非常规的事件或一系列事件。

危机是一种阈状态,它往往是由特定事件引发的,其表现形式也主要是威胁性事件,人们总是能在危机中清理出一条或几条事件线索。但是,当人们透过现象探究本质时就会发现,危机的发生是社会组织内部与外部的构成要素、动作规则和发展环境由常态异化,进而裂变为威胁性系统的过程。

在危机中,组织面临的挑战不单纯是一个(或多个)威胁性事件,而是一种涉及内部与外部多重利害关系的复杂情境。与此相应,危机管理也不单纯是事件处理,而是对组织威胁性生存环境、运行规则乃至价值系统的修复和改造。因此,我们认为,危机本质上是一种威胁性的形势、情境,或者状态。

将危机定义为一种状态,具有重要的现实意义:它更准确地反映了危机的本质,有利于人们加深对危机的认识和理解;它明确了危机管理的方向——异化生存状态向正常生存状态的转换;拓展了危机管理的范畴——不单纯是突发事件的处理。更重要的是,状态而非事件的危机观念,有利于组织树立危机意识,建立危机应对机制,形成战略性的危机发展观。

2.危机管理的4R模式

罗伯特·希斯提出了危机管理的4R模式。4R模式是指缩减(reduction)、预备(readiness)、反应(response)、恢复(recovery)。4R涵盖了危机管理的全过程。

缩减是指减少危机的成本和损失。这个工作在危机发生之前进行,这是整个危机管理的初始阶段。如何减少危机带来的损失?一个重要的工作就是对组织内可能存在的风险进行评估,利用科学的方法,把组织中可能存在的风险列出来,按可能产生的危害大小进行分级,通过风险管理,减少或避免危机的发生。

预备是通过建立预警系统,对组织内可能产生的风险进行监视和控制,并组织员工进行培训和针对危机情景的演习,加强员工应对危机的能力,可以将损失控制在最小的范围之内。

反应是指危机发生时的管理,对于危机的发生要迅速作出反应,及时分析危机的类型和影响程度,选择应对危机的方法,制订危机应对计划,评估计划是否可行,最后付诸实施。这一系列的工作要在极短的时间内完成;否则,会错过处理危机的良机,使危机进一步扩大,造成更大的危害。

恢复是危机管理的最后一步,在危机消除后,要评估危机对组织的影响程度,即企业在这一次的危机当中损失有多大,应该吸取的教训和在处理危机中值得借鉴的地方,制订恢复计划,尽快地恢复组织正常运转,稳定员工心态,使组织中的各个系统尽可能地恢复到危机发生之前的状态。

5.1.2 品牌危机管理的含义

从前面的品牌理论和危机管理理论中,可以得出品牌危机管理的定义。它是指在品牌生命周期中,采取恰当的管理活动,以尽可能地避免导致品牌价值损失事件的发生,以及在发生品牌危机后尽可能地降低品牌价值的损失。

在一个完全确定的世界里,品牌管理只需要品牌战略管理和品牌运营管理两个部分就够了。然而,现实中企业竞争的环境不可能是完全确定的,不确定性和潜伏的危机无处不在。所以企业竞争的品牌战略管理和运营在防止不需要的、不希望的和不可预料事件的发生等企业品牌管理中的危机防范、处理方面表现出了先天不足的缺陷。而这类事件的发生将侵蚀到企业品牌原先取得的成功,损害企业形象,有时甚至威胁到企业的生存。因此,企业经营管理者们的任务就是对品牌危机进行主动积极的管理,一方面从战略高度来规划企业的品牌危机管理;另一方面将危机管理渗透到企业日常的品牌运营中,随时准备迎战品牌危机,以确保品牌成长,降低品牌价值的损失。

5.2 品牌危机的特点、表现、成因与类型

5.2.1 品牌危机的特点

1. 突发性

品牌危机的发生都是突然的,是难以预测的,发生之前,虽然有时可以预见其发生的可能性,但通常无法确认其一定会发生,更无法确定其发生的具体时间、形式、强度和规模等。例如,"泰莱诺尔"危机是美国芝加哥地区连续发生了7人因服用强生公司生产的"泰莱诺尔"胶囊而中毒的事件。

2. 严重的危害性

由于品牌的脆弱性,危机一旦发生,就会对品牌形象造成巨大的破坏,并引发由于品牌价值的降低而带来的多方面损失,使组织陷入困难窘迫的境地,严重时可使一个组织灭亡。比如2000年11月国家医药管理局的一个通知,使中美史克的康泰克一夜之间销售额由6个亿锐减到零。

3. 强烈的冲击性

品牌危机一旦爆发,其来势之凶猛、发展之迅速、涉及面之广、影响之深,往往使组织有无法

招架、无能为力的感觉。

4.舆论关注性

品牌危机爆发时,品牌原来的知名度必然引起广泛的舆论关注,媒体大张旗鼓地报道,常常成为危机处理中最棘手的问题,舆论的导向直接影响到品牌存亡。

5.2.2　品牌危机的表现及成因

1.品牌危机的表现

(1)品牌形象受损。

所谓品牌形象受损,是指由于不利事件的发生致使品牌形象和增值效应受到破坏,品牌的经济和战略优势地位降低。而如果对品牌形象受损的补救处理不当,就会进一步激化品牌危机。

(2)顾客信任度下降。

品牌危机如果是由产品危机导致的,一般会让消费者对其品牌的信任度下降。产品危机事件的发生总会使消费者对产品产生一定的物质和非物质的联想,物质联想导致消费者对品牌或品牌商品功效失去信心,非物质联想导致消费者对品牌接受度的降低……这些都可能使品牌危机事件升级。

(3)销售利润下降。

由于品牌危机的发生,消费者对公司品牌的信任度下降,势必导致产品销售量下降,从而使销售利润下降。

(4)企业内部人员流失。

当企业品牌危机发生时,企业的内部员工是最直接的感受者,员工的情绪会受到影响。如果企业管理层对危机管理不当,往往会导致危机影响程度加深,品牌的负面报道增多,公众对品牌的信任度下降,员工对企业管理层失去信心,对企业的忠诚度下降,从而造成企业内部的人员流失。

(5)媒体的负面报道。

媒体是连接企业与公众的桥梁。当企业的品牌发生危机,消费者对品牌的信任度产生怀疑时,媒体总是同情弱者,这时它们就会首先站在公众的角度,发表一些对企业品牌不利的报道。如果这时企业不能与媒体进行有效沟通,就会激化品牌危机。

2.品牌危机的成因

企业要正确地进行品牌危机管理,就势必要对危机产生的原因有深刻的认识。一般来说,危机产生的原因可以从企业外部与内部两方面来分析。

(1)组织外部的原因。

组织外部的原因主要是组织外部的伤害,它包括竞争对手的陷害、媒体的错误报道以及其他来自组织外部与组织直接或间接相关的组织和个人的恶意与非恶意的伤害。

①恶意伤害。恶意伤害是指进行这些伤害活动的目的是使该组织受到破坏和损失。这种情况多来自竞争对手,也有公众或其他组织出于报复心理或嫉妒心理进行的诬蔑和陷害,这是每一个企业都应该警惕的。但如果是非竞争对手所造成的恶意伤害,则不能仅仅归结为外部原因,它在很大程度上可能是由于组织内部的公共关系工作没有做好所造成的,如与相关组织沟通渠道不畅引起的误解等。

②非恶意伤害。非恶意伤害是无心的过失造成的,比如媒体由于时间的紧迫和知识的局限或不负责任所导致的错误报道。2000年2月27日,英国《星期日泰晤士报》刊登了一篇题为《秘

密报告指控甜味剂》的报道,指出包括可口可乐在内的许多饮料使用一种叫做阿巴斯甜的甜味剂,这种甜味剂能分解出有毒物质,从而影响大脑的正常工作,同时它还会诱使消费者喝更多的这类饮料。消息很快传遍全球,引起舆论大哗。但事实上,可口可乐系列产品并没有使用阿巴斯甜,而且经美国全国饮料协会证明,阿巴斯甜并不存在上述问题,已被全球90多个国家批准使用。

非恶意伤害也可能是由和品牌有关的个人自身的错误、谣言或灾祸引发的。现在许多品牌都有形象代言人,代言人的一举一动如果不妥,必然使该品牌形象受到负面影响。例如,1999年可口可乐公司选择张惠妹作为雪碧的代言人,高质量的电视广告与张惠妹的旺盛人气使雪碧销量一度大增。但后来由于张惠妹的不当言论,其所代言的电视广告被全面封杀,而接替张惠妹担任代言人的伏明霞又因为在新闻发布会上穿了一条标有不雅文字的裤子而遭到媒体指责。可口可乐公司代言人的不当行为给可口可乐的品牌形象带来了严重的损害,其损失是难以估量的。

营销视点 5 - 1

可口可乐"含氯门"

4月17日,可口可乐(山西)饮料有限公司的员工对媒体的爆料引发热议。该员工称公司在管道改造中,将消毒用的含氯处理水误混入饮料中,涉及9个批次、12万余箱可口可乐,价值可能高达500万元,目前这部分被疑含氯饮料可能已经流入市场。

目前可口可乐公司在中国市场有超过50种不同饮料,令消费者在各种场合都有丰富选择可以怡神解渴。可口可乐积极推进本地化进程,目前所有中国可口可乐装瓶厂使用的浓缩液均在上海制造,98%的原材料在中国当地采购,每年费用达8亿美元。可口可乐系统自1979年重返中国至2012年已在中国投资达12亿美元。

2012年4月17日22时,山西省质监局向媒体通报对可口可乐(山西)饮料公司9批次存疑产品核查初步情况。4月18日凌晨3时许,两家国家级检测中心——山西省食品质量安全监督检验院、山西出入境检验检疫局检验检疫技术中心出具了检验结果。4月18日早间,山西省质量技术监督局就可口可乐(山西)饮料公司9批饮料疑混入含氯消毒液事件召开第二次新闻情况通报会,向媒体公布了山西省两家国家级检测中心的检验结果、山西省食品安全协调委员会办公室组织专家组论证后得出的意见。专家组认为:送检样品检验结果符合国家标准要求,该9批次产品不会对人体健康造成危害。4月18日,可口可乐(山西)饮料有限公司发声明称所有出厂产品都经过严格的质量保障体系的检验,符合国家有关质量的法律法规。所谓"公司内部信息",经查并不符合事实。山西省质监局网站4月28日通告称,针对媒体披露的"可口可乐(山西)饮料有限公司含氯软化水混入部分批次饮料产品"中的问题,山西省质监局于4月19日组成调查组,通过现场检查、抽检样品、查阅记录、询问员工等方式,认定媒体报道情况属实。同时在调查中,还发现该公司存在个别生产条件不符合相关规定的问题。根据相关法律法规规定,4月28日,山西省质监局对可口可乐(山西)饮料有限公司做出了停产整改的行政处罚。

4月30日,可口可乐(中国)公司通过微博发声明致歉并称媒体有误读,但其对于已流入市场的可乐饮料没提及是否要采取召回或退货措施。对于"含氯门"事件,可口可乐(中国)公司在官方微博上发出声明,对此前未经严谨调查发出的声明及生产过程中出现的操作失误,向消费者表示歉意。山西装瓶厂已采取了整改措施,以杜绝此类事情再次发生。同时,可口可乐(中国)公司还指出被"媒体误读",称可口可乐山西装瓶厂使用的包装清洗用水(生产辅助用水),绝不是消毒用水,其水质符合世界卫生组织以及欧美各国的生活饮用水标准,可以放心饮用。5月2日,可口可乐做出了"换回"产品的决定,但仍坚称不是召回,并且不可退货。

面对持续升温的"含氯水"事件,可口可乐放下了姿态。5月4日下午,可口可乐大中华及韩国区总裁鲁大卫(David G. Brooks)在事发地山西公司召开媒体沟通会并向公众道歉,并同意退货,将回收的产品及同批次库存产品销毁。

③由宏观原因所引起的组织外部伤害。该种外部伤害是指由社会不可抗力所造成的组织外部伤害,例如,国家方针政策的变化、新法律条文的颁布、战争、恐怖主义等,这些改变与发生不是针对某个品牌的,也不只是对某个品牌或某些品牌造成伤害,而是会造成全社会性的变动或伤害的,属于社会背景的变化。

④自然灾害。组织外部的原因除了组织外部的伤害,还包括自然灾害。这里的自然灾害是一个广义的概念,是指非人为原因造成的品牌危机的总称,既包括地震、台风、火灾、洪水、瘟疫等自然现象带来的狭义的自然灾害,也包括迫于其他自然规律的非人力的国际经济形势的变化、流行趋势的变化、社会的不断发展进步等。

(2)组织内部的原因。

组织内部的原因主要是组织内部的错误,它是指组织内部成员造成的对品牌形象、品牌价值的损害,包括错误决策、低水平管理、生产性错误、广告公关方面的错误引起的危机等。

①错误决策。错误决策是最可怕的一种错误,它是由公司的决策层,即最高层作出的,极具权威性,并且常常是有关整个组织生存和发展的全局性问题,因而影响范围大、程度深,纠正时往往要伤筋动骨。错误的投资、不适当地开发新产品、品牌定位错误、漠视市场变化而故步自封、盲目扩大规模都属于决策性失误。例如,1985年可口可乐创始人伍德刚刚去世,新的领导层就改变整个配方,推出新配方的可口可乐,结果遭到消费者的强烈反对,加上老竞争对手百事可乐公司的趁火打劫,可口可乐遭遇到了极大的危机,其品牌险些被挤出市场。

②低水平管理。低水平管理包括机构设置的不合理、组织文化的败坏、规章制度的不严格等,主要包括以下方面:组织内部矛盾导致的组织成员对本组织的恶意报复(如纵火、设置计算机病毒、制造流言);组织内人员贪污腐化、挪用公款、制造假账;泄漏组织机密、产品秘方、特殊工艺等;生产工具设备长期不检修;高级人才的突然离职。

③生产性错误。它是指由产品质量、数量、技术或服务生产性原因造成的企业内部错误。比如以次充好、以假乱真的弄虚作假行为,故意减少产品数量,不履行服务承诺等。由于品牌的实质是承诺,是企业就其产品特征、利益和服务等对顾客作出的一种保证。正是品牌的这种承诺,才使得企业与消费者联系在一起,也是企业获取效益的源泉,而这种关系能否维系或保持取决于企业是否履行承诺以及履行承诺的程度,如果企业提供给顾客的产品或服务未能履行或未能全部履行其品牌承诺,那么该品牌的整体形象在消费者心目中就会受到损伤。所以,生产性错误是产生品牌危机的重要成因之一。

④广告公关性错误。广告是一种很好的打造品牌、美化品牌的手段,但广告使用不当则会导致毁灭品牌的效果。比如广告与东道国的文化冲突,广告所选择的表达方式不当等。公共关系方面则有可能由于不了解东道国政治、法律、法规、文化禁忌等造成与政府及公众之间的误解,招致消费者对产品的抵制等品牌危机发生,如2004年耐克的恐怖囚笼广告造成对中国人情感的伤害等,属于此类问题。

5.2.3 品牌危机的类型

1.按性质分类

品牌危机按照性质可分两类:第一类是产品质量问题引发的危机;第二类是非产品质量问题引发的危机。

第一类危机事件之所以引人关注,原因在于此前该产品品牌的高知名度和良好信誉,在于其产品为大众日常消费品的特征及由此形成的庞大的消费群体;此外,其产品直接关乎消费者的身体健康和生命安全。如南京冠生园食品公司陈馅月饼事件就属此类。比较而言,第二类非产品质量问题是由企业内部某方面决策失误而引起的经营危机和困难,如资金问题、法律诉讼、人事变动、公共关系和广告等。

由于两类危机引发的原因不同,其影响也就有较大区别。第一类危机直接引发消费者不信任和不购买,随之造成销售量大幅下滑,甚至引发企业经营危机和困境。第二类危机,消费者对其的关注程度要低得多。如麦当劳广告——"跪求打折"——的影响只是存在于一部分公众中,造成部分客户对企业的不信任,并未引起太大的负面影响。

2.按形态分类

品牌危机从形态上可分为突发型和渐进型两大危机。

(1)突发型品牌危机。

①形象类突发型品牌危机。该类危机是指品牌形象力的减弱现象,往往由反宣传事件引发。一般来说主要表现为品牌知名度下降、认知度降低和品牌联想度下降。而反宣传一般有两种:一种是对品牌的不利情况的报道(情况是属实的),如品牌的生产条件恶劣,企业偷税漏税,财务混乱,贪污舞弊等报道;另一种是对品牌的歪曲失实报道,对这些不实传闻和报道如不加以及时处理,对品牌形象、产品信誉十分有害,并导致公众对品牌丧失信心。

②质量类突发型品牌危机。该类危机是指在企业发展过程中,由于企业自身的失职、失误,或者内部管理工作中出现纰漏,而造成产品在质量上出现问题,从而引发的突发型品牌危机。

③技术类突发型品牌危机。该类危机是指已经投放市场的产品,由于设计或制造技术方面的原因,而造成产品存在缺陷,不符合相关法规、标准,从而引发的突发型品牌危机。如中美史克"康泰克"PPA风波,三菱"帕杰罗"刹车油管风波等。这类危机与技术有关,它发生在人们认为应万无一失的尖端科技出现偏差时。

④服务类突发型品牌危机。该类危机是指企业在向消费者提供产品或服务的过程中,由于其内部管理失误、外部条件限制等因素,造成了消费者的不满,从而引发的突发型品牌危机。此类危机与企业品牌意识和服务意识相对薄弱有关。

⑤品牌的法律权益受到了侵害。品牌资产中的一个重要组成部分就是品牌的法律权益。品牌商标(或者品牌名称或标志)一旦被假冒和盗用,就会出现严重的品牌危机,甚至被假冒盗用者拖垮品牌。因此,企业应该建立一套商标安全监控系统,搜集各种损害和有可能损害企业品牌商标安全的行为,尽可能在实际损害发生之前就消除有损品牌商标安全的各种诱因,做好品牌的商标安全的防御工作。

在我国,发生过许多企业的品牌商标被其他企业或机构抢注,许多国内驰名企业的品牌商标被国外企业机构抢注。据有关资料显示,我国目前有2000多万个企业,实际使用的商标只有500万个,而现有的注册商标有有80多万个,商标注册率不到20%。在被国内或国际抢注的商标中,有包括"红塔山"、"金华火腿"、"熊猫"、"伊利"等在内的一批我国的著名品牌。对于品牌的假冒伪劣现象,企业应该提高对品牌的保护意识,注意与消费者保持密切的沟通,并积极研究和开发防伪技术。

(2)渐进型品牌危机。

渐进型品牌危机的发展是循序渐进的,容易被忽视,但一旦爆发则具有毁灭性。本书主要研究其表现的几种类型,以便从根本上把握该种危机爆发的真正原因。

①品牌战略制定失误。从狭义上讲,品牌战略制定失误是所制定的品牌战略本身的失误;从广义上讲,包括品牌战略展望提出的失误、目标体系建立的失误。品牌的管理执行包括品牌策略的制定和品牌策略的执行。

②品牌延伸策略失误。品牌延伸使用得当不仅能使新产品迅速进入市场,取得事半功倍的效果,而且可利用品牌优势扩大生产线,壮大品牌支持体系。但是企业一定要注意品牌延伸安全,否则,就会进入品牌延伸误区,出现品牌危机。这主要表现为三种情况:一是品牌本身还未被广泛认识就急于推出该品牌的新产品,结果可能使新、老产品一起死亡;二是品牌延伸后出现的新产品的品牌形象与原产品的品牌形象定位互相矛盾,使消费者产生心理冲突和障碍,从而导致品牌危机;三是品牌延伸速度太快,超过了品牌的支持力。

营销视点 5-2

春兰的延伸策略

1995年,春兰空调的销售以超过同行几倍的优势雄踞全国第一。之后,春兰集团实行品牌延伸策略,大举进入摩托车制造业及电冰箱等行业,削减了春兰在消费者心目中的魅力。1996年和1997年度,春兰空调销售连续大幅度下降,行业第一的地位受到了威胁。

③品牌扩张策略失误。品牌扩张策略主要有两种:一是收购品牌进行扩张的策略;二是自创品牌进行扩张的策略。两种方式实质都是通过收购、兼并、控股等资产重组的方式,实现产品的规模扩张。此外,产品扩张还可以通过授权经营、品牌共享、联盟等方式扩大品牌的控制规模。品牌扩张的风险有很多方面,如品牌扩张策略本身的失误,消费者需求重心的转移,或者国家及地方政策的影响,等等。一些具有代表性的品牌如巨人和春都就是在多元化道路上越走越远,偏离了核心业务,丢弃了赖以生存的根本,结果导致资源分散,战线拉长,管理失控,核心竞争力锐减。

④品牌内、外部环境的恶化。品牌的内部环境是指品牌持有公司的内部状况;品牌的外部环境主要包括消费者、竞争对手、分销商、市场秩序、舆论和宏观环境等主要因素。企业内部环境状况是对品牌未来发展具有重要影响的一个因素,如果没有一个良好的组织环境,品牌就不可能健康地成长和发展。

5.3 品牌危机管理的策略

5.3.1 品牌危机的防范与准备

品牌危机的防范是品牌危机的首要任务。所谓"防患于未然",就是强调预防。若无有效快速的危机防范和预警系统,一旦危机发生,企业只能仓促上阵,被动应付。因此,企业一定要做好危机防范工作。

1.以良好的品牌形象,提高消费者的忠诚度

树立良好的品牌形象,培育与提高消费者对品牌的忠诚度,是企业能够成功度过品牌危机的一个重要的先决条件。企业是否能够安然度过其面临的品牌危机,其中一个很重要的因素就在于企业在发生品牌危机时是否已建立起足够的信誉。对企业而言,信誉是指企业品牌值得信赖和有信用的,是诚实的、谨慎的、坦率的、可以亲近的、有效率的及成功的。这种信誉是通过企业每天、每月、每年与企业主要公众建立起来的信任、忠诚和信用而获得的。它是企业的信誉银行,总有一天会派上用场,特别是在企业品牌危机发生时更是如此。例如,1999 年的可口可乐公司在欧洲事件,即比利时中小学生饮用可口可乐中毒事件爆发后的处理上有些迟缓,但是,这次品牌危机仍然在短短的两周内获得平息,这在很大程度上应归功于可口可乐公司自 1886 年以来形成的良好的品牌形象,以及可口可乐公司引领消费者而形成的无可比拟的品牌忠诚度。换言之,如果企业在"风和日丽"的日子里,为其品牌建立良好的信誉,那么当品牌危机到来的时候,企业就多了一把保护伞。消费者、股东、新闻媒体、执法者等,可能会批评品牌,但同时也会给企业一个改过自新的机会。

在树立良好的品牌形象与提高消费者对品牌的忠诚度方面有许多方法可供企业选择,如从生产好的产品、制订顾客奖励计划到赞助有价值的活动、致力于公共慈善事业等。

2.做好品牌的保护工作

品牌保护,首先要培养消费者的忠诚度。先入为主的观念和思维惯性对人们的行为影响很大。一旦消费者对某品牌产生忠诚,一些风吹草动都很难对其产生影响。世界性的一些大品牌,如可口可乐、麦当劳、强生等都曾遇到过危机,但最终都解决了,这一方面是由于它们的危机预警处理工作较好之外,也是由于它们有一大批忠实的消费者。除此之外,还要采取以下一些保护措施。

(1)法律保护。如商标及时注册,及时续展,异国注册,全方位注册等。

(2)生产保护。这是指产品的质量、包装保护等。名牌产品首先要有好的质量,这是使消费者忠诚,保持长盛不衰的关键,质量一丝一毫的差别都可能被细心的消费者发现,或是被对手利用,引起危机。质量保护主要是生产过程中的严格把关。在包装保护中使用防伪标志已是通用的方法,但也可以采用一些高技术的方法,如"五粮液"的一次性防伪酒瓶就是很好的例子。

(3)技术保护。有些品牌就是靠一些秘密而保持长盛不衰的,如果这些秘密被公开,这个品牌就很难存在了。在对于机密的保护方面,许多著名的品牌都执行这样的策略,两个秘方持有人不能同时乘一架飞机,以免飞机失事,秘方失传。如果其中一人死亡,剩下的这个人就要为秘方选择另一名继承人。

3.注重品牌的创新与品牌开发

当品牌缺乏创新而逐步老化时,企业也会因不能很好地满足消费者变化的需求而引发品牌危机。当企业本身对自己的品牌不再创新、缺乏广告创意时,消费者对品牌失去兴趣也是很自然的事了。当品牌失去活力,毫无生气时,品牌也就毫无魅力可言,品牌发生危机也就为期不远了。

由于品牌生命周期与产品生命周期相关联,许多品牌可能随着产品的消长而消长。但是,产品与品牌毕竟是两个不同的概念,有许多品牌产品,经营者已经换了好几代,但是品牌依旧不变,比如通用、松下、福特等。这说明品牌的生命可以通过不断创新加以延长。企业可能通过不断创新延长品牌的寿命,重振品牌,使品牌价值得到保值和增值,更好地回避品牌老化带来的品牌危机。

在品牌的不同发展阶段,品牌的创新策略也是有所不同的。

(1)品牌初创期的品牌创新。

这个时期的品牌创新强调的是创造出不同于竞争对手的、有鲜明个性的品牌,品牌个性的差异是界定品牌的重要因素。

众所周知,百事可乐与可口可乐竞争激烈,但百事可乐避其锋芒,为自己选择了一个新的消费群体,它看到了新生代与其父辈之间的"代沟",不仅意味着因价值观的迥然不同而形成的心理隔阂,而且还孕育着十分诱人的商机。百事可乐把握住这一商机,亮出"新生代的选择"这一旗帜,从年轻人入手,对可口可乐实施了攻击。这个创意使百事可乐比可口可乐历史短的劣势转化为优势,使其品牌产生了强劲的影响力。

因此,在品牌初创时期,传播中的创意取向应从产品优势入手,找准市场空当,通过相应媒体策略做介绍性工作,以求得到消费者认同,并区别于其他的竞争对手。也就是说,品牌在这一状态时的创意,首要的是对产品、对市场、对消费者明确定位,整体上通过各种手段和方法达到目标。一是快速提升品牌的知名度,力争在较短的时间和目标区域内,将广告信息送达目标消费群体;二是快速提高品牌知名度,并适当建立和引导联想。

(2)品牌成长期的品牌创新。

在品牌成长阶段,创意策略应在进一步提升品牌知名度,加强品牌认知,完善、明晰品牌联想上下工夫,并在整体上进行把握、平衡区域市场之间的认识差别,谋求重复购买人群,加强与消费者的当面沟通和直接利益沟通,检索各项方案及品牌状态,不断作出调整,灵活运用创意策略,推动品牌更快、更好地发展。

美的空调在竞争日益激烈的空调市场能站稳脚跟,就在于注重品牌创新下的创意策略。美的在其发展策略上,每一步都诉求一个字,达到环环相扣,紧紧把握消费者的心。首先是"静",美的广告的创意从层层遮罩去除噪声的形象比喻来打动人心;后来为"大",美的的创意为其吉祥物将居室顶的空间扩展得更广,精彩地说明了变频一拖二的问题;第三是"康",当今的环保话题,在家电产品中处处体现,美的创意的广告又紧紧把握住这一点,用负离子发生技术的"炮弹"攻击烟尘中的"飞机",使空气更洁净。这对美的的发展和产品系列及其体现的品牌认知和品牌成长功不可没。

(3)品牌成熟期的品牌创新。

本阶段的创意策略应在不同区域在认识整合和品质认识提升及品牌联想完整化上下工夫,尤其是要在上一阶段的基础上,下大力气巩固消费者的品牌忠诚度,让越来越多的消费者认同品牌的观点,从根本上认同购买和再购买的理由,甚至形成先导意识或习惯,创造生成转移成本及转移惰性。

4. 唤起"全员危机意识",加强全员危机训练

伊索寓言里有这样一则故事:森林里有一只野猪不停地对着树干磨它的獠牙,一只狐狸见了不解地问:"现在没有看到猎人,你为什么不躺下来休息享乐呢?"野猪回答说:"等到猎人出现再来磨牙就来不及啦?"野猪抗拒被捕猎的利器,不是它那锋利的獠牙而是它那超前的"危机意识"。同理,在激烈的市场竞争中,一个企业如果在经营红火时缺乏忧患意识,在顺境时无身陷逆境的准备,那就意味着困难和危机即将出现。因此,企业的决策者和全体员工要树立危机意识,进行品牌危机管理教育。只有广大员工认识到市场竞争的残酷性,感到危机时刻就在他们身边,才能及早防范,将危机消灭在萌芽状态。

另一方面,企业在灌输危机意识的时候也不应该忽视了对员工的相关培训和预案的演练。如果员工不具备应有的应变能力和应急处理的知识、技巧,那么即使他们具有很强的危机意识,在危机发生的时候,企业品牌危机管理实施的效果也肯定会大打折扣。因此,企业要组建一个由职位相对较高的公司经理,并组织相关短期培训、专题讲座、知认竞赛等活动,加强对员工的危机培训,增强企业员工的应变能力和心理承受能力。

5.建立有效的品牌危机预警系统

品牌危机的预防应着眼于未雨绸缪、策划应变,应建立危机预警系统,及时捕捉企业危机征兆,并为各种危机提供切实有利的应对措施。其具体措施如下:

(1)建立信息监测系统。

建立高度灵敏、准确的信息监测系统,及时搜集相关信息,并加以分析、研究和处理,全面、清晰地预测各种危机情况,捕捉危机征兆,为处理各项潜在危机制定对策方案,尽可能确保危机不发生。

危机信息监测系统要便于对外交流,适于内部沟通。其信息内存要突出"优",信息传递速度要强调"快捷",信息的质量要求"再确认"。分析后的紧急信息或事项要实施"紧急报告制度",将危机隐患及时报告主管领导,以便及时采取有效的应对措施。

(2)建立品牌自我诊断制度。

通过建立这一制度,从不同层面、不同角度进行检查、剖析和评价,找出薄弱环节,及时采取必要措施予以纠正,从根本上减少乃至消除发生危机的诱因。这种自检、自诊不是有了问题才检查,而是通过检查以防止问题的发生。一个有效的办法就是调查研究品牌危机的历史,其目的有两个:一个是以自己或他人的历史为前车之鉴,避免再犯类似错误;二是从以往的危机处理中吸取经验、教训,找出有效的解决危机的办法。

5.3.2 品牌危机的处理

当品牌遭遇危机时,企业应迅速作出反应,一般采取如下处理措施。

1.迅速组成处理危机的应变总部

在危机爆发后,最重要的是应该冷静地辨别危机的性质,有计划、有组织地应对危机,因此,迅速成立危机处理的应变总部,担负起协调和指挥工作是十分必要的。一般来讲,这类机构应该包括以下小组,即调查组、联络组、处理组、报道组等。每个小组的职责要划分清楚。

一旦危机事件发生,调查组要立即对事件进行详细的调查,并尽快做出初步报告。调查内容包括:突发事件的基本情况,即事态现状及具体情况,事态所造成的影响,是否已被控制,控制的措施是什么,是否有恶化的趋势;事件发生的原因;事件涉及的公众对象,与事件有关的组织和个人,与事件处理有关的部门机构、新闻媒体等;企业与有关人员应负的责任,等等。联络小组马上要投入各方面的联络工作,如接待外部人员,要约见何人,需要哪一方面的力量协助等,都需要通过联络小组统筹安排。如果是灾难性事故,还要及时向事故伤亡人员的家属通报事故最新进展。处理组应马上投入抢救,现场保护,及时进行死亡人员的善后和伤员的治疗,慎重进行次品回收和环境污染的治理工作等。宣传报道组马上统一组织对外传播沟通工作。一般来说,传播信息、报道新闻为主要责任的机构是公关部门。

当品牌遭遇危机时,这个应变总部是处理危机的核心机构,而公关人员则扮演着主宰成败的角色。此时,应变总部应该迅速判断是否聘请外部公关专家和其他有关专家来协助指导工作。危机处理不是无经验者的训练场,在困难和压力面前,只有专业的、经验丰富的专家才能帮助公司控制住灾难。另一方面,负责危机公关的人应该是决策成员,至少必须有接近最高领导人的途径。这样公关人员才有可能在处理危机时及时、果断,不致贻误时机,造成更大的损失。处理危机的人与经营管理过程、各职能部门绝缘的情况是不可想象的。

2.迅速启动"产品召回"制度

由于质量问题所造成的危机是最常见的危机,一旦出现这类危机,企业要迅速启动产品召回制度,不顾一切代价收回所有在市场上的不合格产品,并利用大众媒体告知社会公众如何退回这些产品的方法。1982 年 9 月 30 日早晨,有消息报道说,芝加哥地区有七人因使用强生公司的一个子公司生产的泰诺尔解痛胶囊而死于氰中毒,据说还有 250 人生病或死亡。这一消息顷刻间引起了全美一亿使用泰诺尔解痛胶囊的消费者的巨大惊慌,该公司的形象一落千丈。在这种情况发生后,强生公司做出的第一个决定就是以高达一亿美元的代价,撤回了市场上所有的泰诺尔解痛胶囊药品。当时的《华尔街日报》报道说:"公司选择了自己承担巨大损失而使他人免受伤害的做法。如果它当时昧着良心干,将会遇到更大的麻烦。"美国第二大人舆论调查公司的负责人莱昂纳德·斯奈德(Leonard Schneider)博士提出:"对药品的全部回收是一个深谋远虑的营销决策,当今盛行的市场营销做法,是把利润和消费者的利益联系在一起,而不是过去的把利润仅仅看成销售的结果。"强生公司在品牌危机中获得了新生,美国公共关系会为其颁发了银钻奖。启动产品召回制度,回收不合格产品,表现了企业对消费者负责的态度,表明企业始终是以消费者的利益为第一位的,为此不惜承担任何损失。这种做法首先就从心理上打动了公众。如果放任这些产品继续流通,就有可能使危机涉及的范围进一步扩大,引起公众和媒体群起而攻之,最终达到不可收拾的地步。

3.进行积极的、真诚的内外部沟通

(1)内部沟通。

面对各种突发性的品牌危机,企业只有处变不惊,沉着冷静,正确把握危机事态的发展,有条不紊地开展危机公关工作,才能处理好内部公众关系,避免人心涣散,自顾不暇、各大奔前程的局面。

企业要迅速组建由高层领导的危机公关小组,小组成员由企业相关部门人员组成,必要时可以根据情况聘请社会专业公关资源作为顾问进行协助。企业要制订出公关方案,统一口径后对外公布消息,同时向企业内部成员通报有关危机真相和处理进展,号召大家团结一致,同舟共济,共渡难关。企业还要向经销商、供应商及所在社区等利益相关的组织或群体通报消息,使他们第一时间得到消息而不是被动地从媒体上接收信息,争取他们的合作和理解,避免一连串的危机连锁反应。企业要努力继续正常的生产经营工作,使危机公关小组的工作和经营管理人员的工作不受干扰。此外,还可设立 24 小时的危机处理中心,接受媒体和公众的访问。

(2)外部沟通。

外部沟通主要包括以下方面:

①与消费者和其他外部公众的沟通。品牌是一种承诺,生存于消费者心中。品牌企业首先要关注消费者的利益和感情,当重大责任事故导致消费者和公众利益受损时,要以最快的速度直接和受害者进行坦诚的深层沟通,尽量满足他们的要求,给予一定的精神和物质补偿,与消费者达成和解,使危机能朝着有利于企业的方向发展。

另外,要通过媒体向所有受影响的消费者及外部公众致以诚挚的歉意,公布处理和改正的措施,承担自有的责任,最大限度地争取公众的谅解。即使责任不在企业,也要给消费者以人道主义的关怀,为受害者提供应有的帮助,以免由于消费者的不满,使他们的关注点转移到事件之外,使事件危机升级。

总之,品牌企业要表现出诚恳和对公众负责的态度,才能在公众心目中树立良好的社会形象,甚至抓住契机,把危机转化为宣传自己的机遇。尤其要强调的是,无论哪种危机发生,都不能为了短期利益而一味地为自己辩解,推脱责任,这只能使品牌丧失信誉,毁坏原有品牌形象。

②与媒体的沟通。媒体是舆论的工具。从某种程度上讲,品牌危机常常由于新闻媒体的报

道扩大了影响范围。媒体又是企业和公众沟通的桥梁,是解决危机的重要外部力量。因此,要做好危机发生后的传播沟通工作,就要坦诚对待媒体,积极主动让媒介了解真相,争取新闻界的理解与合作,引导其客观公正地报道和评价事件。危机一旦发生,企业要在最短时间内通过媒体发表坦诚说明,并通过新闻发布会等形式向媒体通报全部事实真相和处理危机所采取的具体措施。千万不要向媒体提供虚假信息,因为外界一旦通过其他渠道了解到事实真相,将会增加危机的杀伤力,使品牌在危机中越陷越深。

此外,面对危机,企业决不能采取鸵鸟政策,保持沉默状态,用"无可奉告"回避媒体的采访和报道。因为沉默不仅会耽误缓解事态的最佳时机,而且会辜负公众期盼了解真相的热情,进而导致小道消息和谣言四起,使企业陷入被动,使危机不断升级,增大企业的损失以及后期解决危机的难度。

5.3.3 处理品牌危机的原则

1. 主动性原则

任何危机发生后,企业不可采取回避和被动性应付的态度。当务之急是要积极直面危机,迅速采取措施阻断、控制其蔓延、扩散,有效地控制局势,挽救品牌生命,为重塑品牌形象,度过危机奠定基础,切不可急于追究责任而凭事态发展。

2. 快捷性原则

对品牌危机的反应必须快捷,无论是对受害者、消费者、社会公众,还是对新闻媒介,都尽可能成为首先到位者,以便迅速、快捷地消除公众对品牌的疑虑。危机发生的第一个 24 小时至关重要,如果危机处理失去最佳时机,即使事后再努力,往往也于事无补。

3. 诚意性原则

消费者的权益高于一切,保护消费者的利益,减少受害者的损失,是品牌危机处理的第一要务。因此,品牌危机发生后,企业应及时向消费者、受害者表示歉意,必要时还要通过新闻媒介向社会公众发表致歉公告,主动承担应负的责任,以显示企业对消费者、受害者的真诚,从而赢得消费者、受害者和社会公众和舆论的广泛理解和同情,切不可只关心自身品牌形象是否受到损害。

4. 真实性原则

危机爆发后,必须主动向公众讲明事实的全部真相,不可遮遮掩掩,像挤牙膏一样,那样反而会增加公众的好奇心、猜测乃至反感,延长危机影响的时间,增强危机的伤害力,不利于控制局面。只有真实传播,才能争取主动,把品牌形象的损失降低到最低程度。

5. 统一性原则

品牌危机处理必须冷静、有序、果断,指挥协调统一,宣传解释统一,行动步骤统一,不可失控、失真、失序。因为危机一般来得突然,处理时不可能事先有周密安排,需当机立断、灵活处理,才能化险为夷,扭转公众对企业包括品牌的误解、怀疑甚至反感。

6. 全员性原则

企业员工都是企业信誉、品牌的创建者、保护者、巩固者,当危机到来时,他们不是旁观者,而是参与者。提高危机透明度,让员工了解品牌危机处理的过程,并参与品牌危机处理。这样,不仅可以发挥其整体宣传的作用,减轻企业震荡和内外压力,而且可以使公众通过全员参与,重新树立对企业及品牌的信心。

7. 创新性原则

世界上没有再次完全相同的危机,当然也就没有完全相同的处理手段和办法。因此,品牌危机处理既需要充分借鉴成功的处理经验,也要根据品牌危机的实际情况,尤其要借助新技术、新信息和新思维,进行大胆创新。

5.3.4　品牌危机管理的善后处理

品牌危机对企业经营管理的影响是巨大的。如引导案例所论及的三株集团,品牌危机使三株集团遭受了毁灭性的打击。但作为一个曾经在中国经济发展中作出过重大贡献的企业,我们希望它能够早日摆脱危机中的阴影,振作起来,焕发生机和活力,重新投入到经济建设大潮中来。那么要摆脱危机的影响,恢复元气,企业就要以危机为契机,采取一系列措施,重振雄风。

1. 教育员工,并修正、补充危机管理的内容

危机事件的正确处理能使企业绝处逢生,化险为夷,但危机中暴露出来的企业管理、员工素质、公共关系状态等方面的问题却不能忽视。企业应以此为典型、生动的教材,深入对员工进行一次公共关系教育和培训,使每一个员工都能从中找到差距和存在的问题,自觉将自己的行为、形象与企业的命运、形象连在一起,让"我就是企业形象代言人"的观念深入到每个员工心中,并化作行动的指南。

2. 吸取教训,制订危机管理计划

品牌危机是任何企业都不愿遭遇到的。无论是处理危机还是重新获得公众好感,恢复形象,都需要投入大量时间和精力,其代价高昂。特别是对于那些"临阵磨枪"、仓促上阵的企业,必须吸取深刻的教训,危机过后应立即着手制订企业危机管理计划,必要时请专家和公共关系公司进行指导和帮助,这样才不至于再犯同样的错误。

3. 企业外部品牌恢复和重振的具体要求

危机过后,企业必须进行一系列恢复形象、重振企业精神的工作,以保护品牌形象和企业声誉。具体来说可从事如下工作。

(1)实事求是地兑现企业在危机过程中对公共作出的承诺。

企业在危机后实事求是地兑现危机中的各种承诺,体现了企业对诚信原则的恪守,反映了企业对完美品牌形象和企业信誉的一贯追求。承诺意味着信心和决心,企业的品牌承诺,将企业的信心和决心展现给顾客及社会公众,表示企业将以更大的努力和诚意换取顾客及社会公众对品牌、企业的信任,是企业坚决维护品牌形象与企业信誉的表示;承诺也意味着责任,企业通过品牌承诺,使人们对品牌的未来有了更大、更高的期待。若企业在危机后不能兑现承诺或者不能足额兑现承诺,那么企业必将面临顾客及社会公众的信任危机。他们会对企业言行不一而感到失望,进而淡化对品牌的感情,降低对品牌及企业的忠诚与信任。由此,企业不仅容易失去较多的忠诚顾客,而且也将为再度出现危机留下隐患。鉴于此,危机过后重振企业品牌形象,企业必须认真履行危机中的承诺。

(2)以富有成效的公共关系活动密切与各界公众的关系。

危机过后企业要继续传播企业信息,举办富有影响力的公关活动,提高企业美誉度,制造良好的公共关系氛围。企业与公众之间的信息交流和沟通是企业获得公众的了解和信任、争取公众的支持与合作的有力手段。危机期间,品牌形象和企业信誉大为减损。在经历危机考验之后需要加强企业对外信息传播,消除公众心理和情感上的阴影,让顾客及社会公众感知品牌新形象,体会企业的真诚与可信,提高企业美誉度。只有通过富有成效的公共关系活动,消费者才能感知到某某品牌又回来了,它还是那样一如既往地关心公众利益,而且更加值得信赖。可以说,危机平复后富有成效的公共关系传播活动是品牌重获新生并有所提升的不可或缺的条件。

✍ 本章小结

　　本章首先讨论了危机管理的基本理论,如危机的定义、品牌危机的定义等。危机是指对一个社会系统的基本价值和行为准则架构产生了严重威胁,并且在时间压力和不确实性极高的情况下,必须对其作出关键决策的事件。西方学者把危机看成是一种状态,这种看法具有重要的现实意义。状态而非事件的危机观念,有利于组织树立危机意识,建立危机应对机制,形成战略性的危机发展观。危机管理有一定模式,罗伯特·希斯将这个过程总结为 4R 模式,即缩减、预备、反应、恢复模式。4R 模式涵盖了危机管理的全过程。

　　本章论述了品牌危机管理。品牌危机管理是指在品牌生命周期中,采取恰当的管理活动,尽可能地避免导致品牌价值损失事件的发生,以及在发生品牌危机后尽可能降低品牌价值的损失。

　　本章还论述了品牌危机的表现、成因与类型。

　　品牌危机主要表现在突发性、严重危害性、强烈冲击性和舆论关注性四个方面。品牌危机的成因,一般来说可以从企业外部与内部两方面来分析。在组织外部可能遇到恶意伤害和非恶意伤害,或者由宏观原因引起的组织外部伤害以及自然灾害等。组织内部的原因则可能主要是组织内部的错误,如对品牌形象、品牌价值的损害,包括错误决策、低水平管理、生产性错误、广告公关方面的错误引起的危机等。

　　本章还论述了品牌危机的类型,品牌危机按照性质可分为两类:第一类是产品质量问题引发的危机;第二类是非产品质量问题引发的危机。品牌危机从形态上可分为突发型和渐进型两大类危机。

　　本章最后论述了品牌危机的管理策略,如品牌危机的防范与准备、品牌危机的处理和品牌危机管理的善后处理等问题。

▮▮▮ 案例分析

美泰玩具"召回风波"与中国玩具企业的危机管理

　　2007 年 8 月对美国玩具巨头美泰玩具有限公司(Mattel)和它的中国生产商来说是个火热无比的夏天,用"热锅上的蚂蚁"来形容这些公司的领导人一点也不为过。

　　美泰玩具有限公司为美国五百强企业之一,在儿童产品的设计、生产、销售方面处于领导地位,总部位于美国加州,并在 36 个国家设有销售机构,产品销往 150 多个国家和地区,主要品牌包括 Barbie Doll, Harry Potter, Hot Wheel, Match Box, Fisher Price 等。

　　2007 年夏天,一批问题玩具浮出水面,公司迅速采取措施,全面召回由合作厂商生产的近100 万只费雪品牌(Fisher Price)(9607 万件)的玩具。美国消费者安全委员会称,之前并没有接到有关由这些玩具引发的事故报告。据费雪公司称,召回的理由主要是因为中国制造商使用的颜料未经批准,不符合该公司的安全标准。费雪公司的母公司美泰玩具有限公司表示,该公司已经停止销售这些玩具,并正在对此事进行调查。

　　据悉,此次召回涉及了众多的国家,除了美国,还有英国、爱尔兰、墨西哥及加拿大。虽然美泰没有提及中国供应商的名字,但据称该供应商已与美泰合作达 15 年之久。

　　在这次召回事件中涉及中美两国的企业。对美国企业来说,主要是涉及它的品牌形象;而对中国企业来说,更多地是涉及社会责任问题。

　　在整个事件中,美国公司并没有提到中国生产商的名字,但在实际处理问题时,中国生产商成为众矢之的。从国内外媒体报道来看,各大媒体使用的标题骇人听闻:

涉美召回玩具的两家中国企业已被暂停出口；

国产玩具被美商大规模召回；

中国玩具油漆铅含量超标从美被召回　工厂老板自杀；

美公司召回中国产150万件玩具；

Mattel recalls millions more Chinese-made toys（Aug. 14，2007. Reuters）；

China recall toy factory boss hangshimself-report（Aug. 13，2007. Reuters）；

Mattel recalls more Chinese-made toys（Aug. 15，2007. Washington Post）；

China toy group says there was aware of magnet problem（Aug. 15，2007，Washington Post）

从上述标题可以看到中国生产商在整个危机中的处境十分艰难。尽管在此次事件中只有一两个生产商涉及其中，但给全球留下的印象是中国制造等于质次价廉。媒体对消费者的误导也显而易见。

面对危机，美国美泰有限公司采取了召回方式，在全球范围内收回问题产品，这是一种对消费者负责任的态度。这对于该公司维护其品牌形象极为有利。这种处理方式是企业危机管理的重要策略。但美泰玩具有限公司只字不提自己在此次事件中应负的责任，则是不可取的。

直到2007年8月15日，媒体以及国际舆论一致针对中国企业，中国生产商成为替罪羊。为什么会有这样的结果？又有哪些教训值得吸取？有两点教训可以从中吸取：其一，问题产品出现后，我国企业应主动召回，而不能等到问题扩大才反应过来。其二，应该制定危机管理策略。企业应该有多套危机应对方法，一旦出现危机，就可有针对性地采用相关方案进行处理。美泰玩具主动召回玩具，给国际社会一个负责任的企业形象，它们成功地将危机转化为树立良好品牌形象的契机。而我国企业在这方面显得力不从心，还有很远的路要走。

我国企业应该从此事件中吸取深刻的教训，学会进行危机管理。

案例思考题

1. 谈谈你对美泰玩具有限公司召回玩具的看法。

2. 你认为作为玩具生产商在整个事件中应承担什么责任？

3. 你认为作为生产商应该如何处理这场危机？

关键术语

品牌危机管理	危机管理的4R模式	品牌危机管理策略
全员危机意识	突发型品牌危机	渐进型品牌危机
品牌危机预警系统	产品召回制度	危机处理原则
品牌自我诊断制度		

思考题

1. 什么是品牌危机？

2. 品牌危机有哪些类型？

3. 品牌危机形成的原因有哪些？

4. 结合中国企业营销管理实践，谈谈危机管理的重要性。

5. 根据本章所学的知识，设计一套生产企业品牌危机预防处理方案。

第6章 建立全球品牌

本章提要

全球品牌是一个品牌发展的最高境界。作为一个全球品牌，它应该在世界范围内为人们所熟知，并且能对其所在行业产生巨大的影响。一国的全球品牌就如同该国的名片，如波音之于美国、索尼之于日本、三星之于韩国、爱玛仕之于法国。我国现在处于社会高速发展阶段，建立全球品牌对于我国经济起着重要的作用。本章将阐述建立全球品牌的意义以及面临的思考。

引导案例

派克钢笔的故事

1985年，派克钢笔开始启动全球商务战略，从而抗击前面的高仕公司和紧随其后的日本公司，这项举措的核心是推出一款名为维克多的新钢笔，并采用统一的广告宣传(中心主题是"系纯银打造，如丝般书写")、统一的口号(用派克记录一切)和统一的定价策略。然而这项举措却成了一场灾难，在150多个市场中，很多地方市场拒绝采用该策略。

统一定价本身就是一个问题，某些国家的市场状况根本不允许采用标准价格及相应的质量定价。另外，选择的名称也不能在所有国家都产生最好的联想。很多人认为，广告宣传及其产生的联想过于平淡无奇。

和屡屡失败的全球品牌战略相比，派克一些地方性的品牌策略却取得了成功。例如，派克在实施全球品牌战略之前曾有四十个代理机构。其中有一个在英国，以标新立异著称，利润回报率很高。该机构曾策划出非常成功的营销活动。该活动在品牌和过分热忱的人之间建立联系，并用派克笔写下了精心创作的不敬之语。例如，他们在某家航空公司的通知上写道："你犯了妄自尊大的毛病吗？"不幸的是，这种英式幽默离开英国就不幽默了。

6.1 全球品牌

是否应当建立全球品牌——统一的名称、标志、口号和共同的联想？一个熟悉的品牌名称，如柯达、麦当劳、索尼、IBM、可口可乐，是否应该通用于全世界？还是应该稍加变通，建立有关联但不相同的品牌名称，以适应不同国家甚至不同地区的需要？如果目前采用了不同的品牌，那么是否应当用全球品牌来取而代之？

哈佛大学的肖多莱维特和麦克因、日本的大前研一等管理的思想大师解释了建立全球产品、实施全球营销的理由。他们说，由于电视和旅游的作用，加上生活水平普遍提高，世界各地的口味和风格越来越趋同。一个产品在一个地区获得了成功，那么也很有可能在其他地区获得成功。所有地区都希望并且需要最好的质量和最先进的功能。因此，有必要在世界范围内提供最好的产品设计和产品联想。

建立全球产品的主要原因是，世界范围内的销量可以带来规模经济。在很多行业中，规模经济是保持竞争优势的关键。当然，某些生产制造和产品设计的规模经济并不取决于全球品牌的使用。不过,有些时候,巨大的规模经济存在于广告、促销、包装或其他方面的设计,而这些都会受全球品牌策略的影响。大市场可以分散更多的研发成本。相反,小市场的营销活动通常需要更多的预算。

全球品牌在获得知名度方面有着巨大的优势。顾客出国旅游期间,异国他乡的宣传和分销渠道会对顾客产生重要影响。在欧洲等地,跨国旅行是非常普遍的事情,因此一个产品有必要进行异地曝光。另外,这里有一个效率问题,即媒体报道在部分国家重叠发生。在这种情况下,全球品牌的媒体曝光效率远远提高。特别是随着欧洲共同市场的不断成熟,媒体重叠、顾客交叉的可能性就越来越大,全球品牌策略就会产生更多的回报。

全球品牌可以产生某些有用的联想。单单"全球"一词便象征着制造拳头产品的能力、实力和耐力。在价格不菲的工业产品或耐用消费品中,全球形象尤其重要,否则顾客会认为质量不可靠,技术不如竞争对手。雅马哈、索尼、佳能、本田等日本企业之所以能够打入那些重视技术和产品质量的市场,正是得益于全球品牌的联想。

如果一个品牌在某个国家非常成功,是这个国家的代表品牌,那么品牌全球化后,人们就很容易由品牌联想到这个国家。例如,李维斯是美国的牛仔裤,香奈儿是法国的香水,帝王是苏格兰的威士忌,龟甲万是日本酱油,百得利是意大利的橄榄油。这些品牌都是原产国的老品牌,在某种程度上是国家象征,从这个角度上看,建立全球品牌是有巨大价值的。

6.2　目标国家

有些品牌的名称、标志和联想也很难通行于全世界。大多数品牌名称,特别是让人产生美好联想的名称,在某些国家或者具有不好的含义,或者被其他公司使用了。例如,宝洁公司的 Pert Plus 是一款融洗发护发于一体的产品,但在某些国家,该名称已经被其他公司使用了,只能换成其他名称。因此该款产品在日本使用的名称是 Rejoy,在中国使用的名称是飘柔,在英国使用的名称是沙宣。因此,很多全球性的品牌和标志,如 IBM 和索尼,本身不可能具有太多的联想。

标志和联想也存在同样的问题,那些通行世界的标志和联想,并不一定是最有效的。例如,亨氏婴儿食品和李维斯牛仔裤在美国具有强烈的价值定位,在其他市场则具有高端定位。很明显,这两个不同的定位方式需要采用截然不同的标志和联想。

地方性品牌则可从有用甚至重要的独特联想中获利,即是否存在购买的地方性品牌的偏好,或者对地方传统或地方特征存在好感?这些能否融入品牌的定位策略?全球品牌是否在某些国家具有不好的含义而产生负面的地方性联想?是否与一国的政治密切相关而受国际事件交替变化的影响?

由于竞争环境不同,世界范围内的联想可能会在某些国家出现不良反应。英国航空公司全球策略的过程中对广告宣传进行集中管理,因而策划出了以"世界最受欢迎的航空公司"为主题的系列广告。在 90 秒的特写广告中,地平线慢慢地在空中旋转,虽然广告是在美国策划的,但美国经理却不认为新广告比旧广告更有效,因为旧广告以"我们会一路呵护您"为主题,强调了英国的传统价值。在某些国家,英国航空无足轻重,因而新口号并没有多大意义。另外,新广告还存在能否运作的问题。例如,90 秒的广告在南非是不能使用的。

在一级市场区域,地方性营销部门产生的创意可能会好过那些预算充足的全球性营销方案。十个国家往往会产生十个不同的创意,其中总有一些是非常好的创意。相比之下,即使投入巨额预算,汇聚顶尖人才,也很难产生一个"全球"创意。例如,宝丽莱公司从聚会相机品牌到严肃、实用相机品牌再定位的过程中,苏格兰分部策划的营销活动产生了最好的效果。其设计的"学会使用宝丽莱语言"的活动很好地宣传了瞬时相机功能是与家人和朋友沟通的方法。如果地方性营销部门没有独立策划的自由,就不会产生如此优秀的广告宣传了。

虽然建立全球品牌已成为一股热潮,但在美国,很多公司却纷纷转向了区域性营销。例如,宝洁等公司都在下放权力,让地方性营销部门负责降价促销广告宣传等各项工作。

6.3 建立全球品牌面临的思考

如果打算建立全球品牌——标志、口号或联想,就应当对不同国家不同地区进行逐一分析,如表6-1所示,全球品牌有优势也有劣势,这些都可以为我们提供参考指南。如果建立全球品牌的立足点是充分利用最大的市场或最成熟的市场,那么就有必要针对每个国家或地区解决一下若干问题。

表6-1　全球品牌与地方品牌

全球品牌的优势	地方品牌的优势
①广告、包装、促销可以实现规模效益 ②可以利用媒体重叠,向跨国旅行的顾客曝光,让人联想到全球性的存在以及原产国	①名称、标志和联想由地方策划,适应地方市场 ②没有全球品牌的各种限制,不易受国产情节影响

现今,建立全球化品牌需要面临以下思考:

一个地方品牌建立并保持知名度和联想的成本是多少? 顾客跨国旅行和因之而产生的品牌接触是否重要? 是否存在较高的媒体重叠而使地方性的广告宣传和促销活动失去效果? 广告宣传等品牌营销活动的策划和实施是否存在规模优势? 品牌的联想是否具有价值? 某国品牌的联想呢? 全球名称、全球标志、全球口号或全球联想能够产生哪些地方性的联想? 他们的边际价值是正是负? 具体又是多少?

在不同国家使用相同的品牌名称、标志或联想在文化上和法律上是否可行? 名称和标志在不同国家是否具有不同的含义? 是否便于发音? 例如,Meiieselex谷类食品和Freixenet香槟酒就不易发音。

地方性品牌所建立的知名度和联想具有什么样的价值? 并是否与文化有密切关联? 冷冻食品等家用商品往往与当地的语言、标志和文化密切相关,而电脑等工业产品则不具有这方面的束缚。

要么全部全球化,要么不全球化,这是最常见的错误。其实全球化可以只涉及品牌的某些元素,如名称、标志、口号、感觉质量或联想,不必面面俱到。只让品牌的某些元素而非全部元素全球化也许会产生最理想的效果。

即使可口可乐这一全球性的品牌也意识到,"diet"一词在某些市场具有药用的含义,因此,建议可乐在欧洲大多数地区不叫"Diet Coke",而叫"Coca-Cola Light"。由此足以证明,全球性品牌的核心产品不一定要使用全球性的品牌名称!

因此,最好的办法是让能够产生回报或影响力的品牌元素进行全球化,让其他元素适应地方市场。

参考文献

[1]于树青. 基于生态位理论的城镇品牌价值链构建研究[D].青岛:中国海洋大学,2012.

[2](美)马克·布莱尔,等. 360度品牌传播与管理[M].胡波,译.北京:机械工业出版社,2004.

[3]凯文·莱恩·凯勒. 战略品牌管理[M].李乃和,译.北京:中国人民大学出版社,2003.

[4]陈云岗. 品牌管理[M].北京:中国人民大学出版社,2004.

[5]黄静. 品牌管理[M].武汉:武汉大学出版社,2005.

[6]宋永高. 品牌战略和管理[M].杭州:浙江大学出版社,2003.

[7]孙晓雷. 澳洲出国留学咨询公司服务品牌建设研究[D].南宁:广西大学,2012.

[8]韩雨茵. 孔子学院(课堂)品牌推广策略分析[D].广州:暨南大学,2012.

[9]陈峥. 中国本土奢侈品品牌创建与发展研究[D].成都:电子科技大学,2012.

[10]张旻. 爱国者品牌管理与营销策略研究[D].武汉:华中科技大学,2012.

[11]高洁. 中国上市银行品牌管理与竞争力提升研究[D].济南:山东大学,2011.

[12]欧阳琦. 景德镇鹏飞建陶品牌管理研究[D].南昌:南昌大学,2012.

[13]马里奥蒂. 品牌和打造品牌[M].上海:远东出版社,2002.

[14]周朝琦,侯龙文. 品牌经营[M].北京:管理出版社,2002.

[15]刘威著. 品牌战略管理实战手册[M].广州:广东经济出版社,2004.

[16]白长虹,范秀成,甘源. 基于顾客感知价值的服务企业品牌管理[J]. 外国经济与管理,2002(2).

[17]张燚,张锐. 品牌生态管理:21世纪品牌管理的新趋势[J]. 财贸研究,2003(2).

[18]朱立. 品牌文化战略研究[D].武汉:中南财经政法大学,2005.

[19]曹喆. 设计管理与品牌推广[J].中国服饰,2008(1).

[20]丁岩. 设计管理与品牌推广是郑州女装发展的关键[N].中国服饰报,2009-03-27.

[21]周涌. 市场营销与品牌推广的关键:寻找缺位合适定位[J].中国农资,2010(9).

[22]刘文意.中国企业品牌文化战略研究[M].哈尔滨:哈尔滨工程大学出版社,2004.

[23]品牌——外贸企业的核心价值[J].国际市场,2005(1).

[24]向建胜. 中国企业品牌资产经营研究[D].湘潭:湘潭大学,2003.

[25]菲利普·科特勒. 营销管理[M].梅清豪,译.11版.上海:上海人民出版社,2003.

图书在版编目(CIP)数据

品牌资产管理/李滨编著. —西安:西安交通大学
出版社,2014.6
ISBN 978 - 7 - 5605 - 6121 - 9

Ⅰ.①品… Ⅱ.①李… Ⅲ.①品牌-企业管理-研究
-中国　Ⅳ.①F279.23

中国版本图书馆 CIP 数据核字(2014)第 067888 号

书　　名	品牌资产管理
编　　著	李　滨
责任编辑	赵怀瀛
出版发行	西安交通大学出版社
	(西安市兴庆南路 10 号　邮政编码 710049)
网　　址	http://www.xjtupress.com
电　　话	(029)82668357　82667874(发行中心)
	(029)82668315　82669096(总编办)
传　　真	(029)82668280
印　　刷	陕西元盛印务有限公司
开　　本	787mm×1092mm　1/16　印张 6.375　字数 145 千字
版次印次	2014 年 6 月第 1 版　　2014 年 6 月第 1 次印刷
书　　号	ISBN 978 - 7 - 5605 - 6121 - 9/F · 409
定　　价	16.80 元